Para:

De:

EL REGALO

Importancia y trascendencia
en la vida del espectador

Por Gabriel Gascon

Queda estrictamente permitida la reproducción total o parcial de este texto por cualquier medio, sin necesidad de obtener permiso previo, siempre y cuando se haga referencia de la fuente y sea utilizado sin fines de lucro.

© Gabriel Gascon
Registro de Propiedad Intelectual en Chile N°305.548

ISBN: 9798363121142
Sello: Independently published

Indice

Prefacio 11

Prólogo por Sonyq 12

Prólogo por Sergio Starman 14

Introducción 17

Capítulo 1 CONTEXTO 20

   El regalo y su rol en la sociedad 22

Capítulo 2 LA FORMA 26

   El regalo como efecto mágico 28

   Aparición de un regalo dibujado 32

   El regalo como talismán mágico 38

      Las varitas mágicas vs los talismanes 40

      Forzaje del espectador 48

   La carta en la manga 52

   Rol del regalo en el efecto cometa 54

   El regalo como confirmación de la ficción 58

Que lo que ha unido la magia,
no lo separe el hombre 69

Predicción tesoro 73

Capítulo 3 TEMPORALIDAD
Y ESTRUCTURA 78

Efecto semilla
y la extemporaneidad del espectáculo 82

El regalo millonario 90

Estructuras de juego
que sirven para el Regalo 94

Cuchara talismán 99

Capítulo 4 EL GESTO 104

Mi mejor juego de magia 106

La despedida 115

A Javi Martinez por la edición de textos y por su apoyo incondicional siempre.

A Nelson Zuñiga por prologar estas notas, por ser mi maestro mágico y por ser un genio a quien le debo mucho.

A Sergio Starman por prologar estas notas y por ser de esas personas que desde que cruzas la primera palabra, te parece haber conocido de todas las vidas.

A Daniel Garber por ser de aquellos que inspiran a hacer de la magia un arte y recordarnos siempre que la magia es para las personas.

A mis colegas que han aportado de una u otra forma en este escrito.

A mi familia por siempre apoyar e inculcarme que los sueños son para cumplirlos.

Gracias.

Prefacio

"Querido amigo mago, te envío desde el fondo de mi alma este pequeño presente, no es gran cosa, pero espero de todo corazón que sea de tu agrado, y si tan solo una mínima frase cala en tu corazón y trasciende a tu alma, el tiempo que he invertido en esto (ese que se da y nunca regresa) habrá valido la pena."

Abre el envoltorio y disfruta tu regalo.

Gabriel Gascón.

Prólogo

Por Sonyq

Hablar de Gabriel Gascón para mi es fácil, pero no es simple... Es fácil porque lo conozco desde que era un niño y desde entonces se transformó en uno de mis mejores amigos, colega y cómplice de mi vida. Pero no es simple, porque después de lo anteriormente mencionado muchos pensaran que el cariño que por el profeso, subjetivará mis palabras, pero no es así, todo lo que diré es la verdad, solamente la verdad y nada más que la verdad.

Gabriel es un grande, y no lo digo por sus 3 metros 10 de estatura, ¡no! esa es una anécdota al lado de lo grande que es Gabriel como persona, artista y hechicero. Además de contar con una mente lúcida, clara y una habilidad digna de un relojero suizo para crear los artilugios más increíbles. Sin mencionar su maravilloso aporte al mundo de las esponjas (de lo cual les hablare en otro momento), bueno, ¡Gabriel es un aporte en si mismo! Siempre entregando ideas, soluciones y teorías a sus colegas.

Hoy es un día muy especial y por eso me ha pedido que prologue estas notas, porque estas notas son especiales, son un REGALO para quien las lea, para quien abra todos los ojos de su cuerpo y deje ingresar las palabras de este texto en perfecto orden y con una mágica prosa, porque esto no lo había mencionado antes, pero este joven además escribe como pocos, desarrolla las ideas como los elegidos, y explica como ninguno. Su claridad y madurez sorprende (a mi no, pero se entiende), porque todo de lo que Gabriel habla, lo cuenta desde la práctica y el tiene mucha pues es mago 24/7 siempre está haciendo, practicando o pensando en magia, eso el mundo lo agradece y su público también, porque Gabriel es de los pocos que DICE y HACE, y hace mucho, incluso más de lo que se ve, porque cada rutina, pase y técnica están estudiadas y son !todas geniales!

Sé amigos que pueden parecer que exagero, pero sepan que ni una palabra en este prólogo se aleja de la verdad, porque mi amigo Gabriel es un regalo para todos quienes tenemos el placer de conocerle, y además es generoso, por eso hoy a envuelto en el papel más hermoso, estas notas para ti.

No dudes en tirar listón, comenzar a disfrutar y aprender de ellas, como lo he hecho yo desde que le conozco.

¡Muchas gracias Gabo!
Nelson Zúñiga Roco (Sonyq)

Prólogo

Por Sergio Starman

"Y dice uno y dice dos y dice tres y dice cuatro y dice cinco y dice seis y diecisiete y dieciocho y diecinueve y veinte!"...

...Mientras veía como diez simples cartas se transformaban en veinte, después de una carcajada sin igual, por haber entendido ese juego de palabras que inteligentemente supo hacer el Chileno, entendí de inmediato que me encontraba delante de una persona fuera de lo común. Ese fue el modo en el cuál conocí a Gabriel Gascón en una convención de magia en Milán, y no fue difícil confrontarme con él, porque reconocí la simpatía, el estudio y la creatividad del Chileno; un artista que rompe los esquemas comunes de la magia.

Tengo que confesar que es la primera persona a la cuál escribo el prólogo. Por un lado estoy muy agradecido y contento de que me lo haya pedido y por el otro espero poder expresarme lo mejor posible para describir la fuerza y entusiasmo que pone Gabriel a su magia cada día.

Apenas obtuve su libro "El Regalo" lo leí muy atentamente, y me dí cuenta de que muchas de las situaciones de las que habla, yo también las había vivido a través de mi experiencia con la magia, pero no le había dado la importancia que requería.

Gabriel dedicó mucho tiempo a estudiar y a descifrar estos conceptos tan interesantes que se esconden en nuestra magia cotidiana y a transcribirlos en las páginas que están por leer.

Además de su propia habilidad y talento, Gabriel expresa su propia sensibilidad en lo que hace, es por ello, que este escrito que están por leer, es además una confirmación de la gran pasión y talento de este Artista, que para mí es un honor tener hoy como Amigo.

Sergio Starman
Valenza, Italia

Introducción

Primero que todo quiero decir que este escrito nace del estudio y trabajo personal del actuar frente a público. Lejos está de ser un estudio de laboratorio, ya que son, mejor dicho, teorías personales que nacen del enfrentarse día a día a los espectadores y ver como el regalo trasciende e influye en sus vidas.

Siempre he creído que la magia no siempre es arte, pero que siempre debería serlo y es misión nuestra hacer que así sea. Es por ello que es de vital importancia comprender todas las aristas de lo que hacemos.

Me maravilla pensar que a través de la magia algo tan simple puede transformarse en algo que puede llegar a cambiar la vida de una persona; esa para mi es la base del arte. Si la magia no conmueve, no emociona, no evoca, y más importante aún, no trasciende a la vida de las personas, entonces la magia no puede considerarse arte.

Para aportar un granito de arena en ese camino traigo a presencia un sin fin de cuestionamientos que nacen de la cotidianidad de nuestro trabajo:

¿Qué ocurre después con esa carta que firmamos y regalamos alguna vez?

¿Que debe ocurrir con ese objeto que hicimos aparecer de la nada frente a los ojos del espectador?

¿Por qué el espectador conserva después de años aquella carta en su billetera?

¿Por qué cuando saco una moneda de la oreja de un niño, me dice que se la devuelva porque es suya?

¿Cuál es el proceso de talismanización de un objeto al pasar por una rutina mágica?

¿Cómo ese talismán puede influir en la vida del espectador e incluso llegar a cambiarla?

Estas y otras preguntas son las que dan el puntapié inicial para embarcarse en un mundo poco explorado en el mundo de la magia, que nos llama a poder llegar a la fibra más intima de una persona, pero que a su vez nos entrega una gran responsabilidad.

Finalmente acotar que si bien creo que el tema del regalo trasciende a los objetos, este escrito tratará en especifico de como los objetos regalados influyen en la vida de los espectadores, sin ahondar en el regalo mismo que es la magia, o que puede ser la experiencia o simplemente un gesto.

*"En esta sociedad sumida en el consumo,
el individualismo y el dinero,
el gesto de regalar algo de forma desinteresada
se vuelve un acto puro de revolución"*

CONTEXTO

1

Capítulo

El regalo y su rol en la sociedad

Para entender un poco el universo del tema que vamos a abordar en el mundo, fuera de la magia podemos validar que "Fue Marcel Mauss (1925) el primero que estudió en profundidad el proceso que encierra el regalo, identificándolo con el intercambio de obligaciones mutuas como elemento social inherente a la naturaleza humana y fundamentado en el esquema dar, recibir y devolver. En esta misma línea pero desde el punto de vista del marketing, autores como Belk (1979) afirman que el principal valor del regalo es simbólico, desplazando el valor económico y funcional a un segundo plano. Tanto es así que desde tiempos inmemorables el regalo ha cumplido una función comunicativa dentro del grupo humano, con fines tan heterogéneos como numerosos"
El regalo (19 mayo 2019). En Wikipedia. Recuperado el 4 de Junio de 2019 de https://es.wikipedia.org/wiki/Regalo

"Regalar ha sido durante mucho tiempo tema de estudios acerca de la conducta humana, y participan en ellos psicólogos, antropólogos, economistas y comerciantes. Ellos descubrieron que dar regalos es una parte sorprendentemente compleja e importante de la interacción humana que ayuda a definir las relaciones y fortalece los lazos con la familia y amigos. Los psicólogos afirman que a menudo es el que da, más que el que recibe, quien cosecha los mayores créditos psicológicos de un regalo.

El valor social de dar ha sido reconocido a través de la historia de la humanidad. Durante miles de años, algunas culturas nativas han realizado el Potlatch, una compleja ceremonia que celebra el dar mucho. A pesar de que las interpretaciones culturales varían, a menudo la posición de una familia en un clan o pueblo se definía no en función de quién tenía más posesiones, sino a partir de quién daba más. Cuanto más pródigo y oneroso el Potlatch, más prestigio ganaba la familia.

Algunos investigadores creen que las fuerzas de la evolución pueden haber favorecido el dar regalos. Los hombres más generosos pueden haber tenido más éxito reproductivo con las mujeres (se señalan el uso de alimentos como intercambio para el acceso sexual y el acicalamiento, que han sido documentados en nuestros más cercanos parientes simios, los chimpancés). Las mujeres que eran hábiles en dar, ya fuera alimento extra o una piel adecuada para protegerse, ayudaban a apoyar al proveedor de la familia y a sus hijos."
Revista La Nación ¿Por qué hacemos regalos? (2007), recuperado de: https://www.lanacion.com.ar/lifestyle/por-que-hacemos-regalos-nid974058

Con respecto al poder que tiene un regalo se hace interesante ver que "El poder del regalo real proviene de la mejora de lo social y vínculos relacionales al ser parte del ritual. Un regalo que refleja la personalidad o las necesidades del receptor parece tener más poder ya que demuestra familiaridad, comprensión y conocimiento del otro. Paradójicamente, se considera grosero señalar si tal familiaridad no se refleja en el regalo. Tal vez esta es la razón por la cual la frase común "es el pensamiento lo que cuenta" surgió con respecto a la forma en que uno debe recibir un regalo. El pensamiento o el proceso de pensar sobre el otro es más importante que el regalo en sí mismo. La frase le da importancia al ritual y al hecho de que se pensó en uno, no tanto en lo que es el regalo. Por estas razones, es evidente que el intercambio de obsequios es un ritual delicado y sensible dentro de las relaciones personales y, por lo tanto, la gracia del obsequiador y receptor es de suma importancia."

Anthropology and practice. Intercambio de Regalos y Reciprocidad: las Cargas y los Beneficio. Recuperado en: https://anthropologyandpractice.com/antropologia-social/intercambio-de-regalos-y-reciprocidad-las-cargas-y-los-beneficios/

Algunas situaciones frecuentes en las que se entrega un regalo:
- Expresión de amor y de amistad
- Expresión de gratitud por un regalo antes recibido.
- Proveer de comida o bebida a alguien invitado al hogar.
- Un cumpleaños
- El Día del Padre
- El Día de la Madre
- La Navidad
- Una boda
- Un funeral
- Un nacimiento
- Día del niño
- Día de San Valentín

¿Qué tienen en común estas situaciones tan diversas?

Todas ellas ocurren en circunstancias específicas que se relacionan a un momento especial. Ese momento especial es coronado y/o conmemorado con el regalo.

El regalo entonces cumple, como objeto en sí, un rol de validación, que nos dice que aquel momento es uno especial, en el que hay personas que están siendo reconocidas frente al resto del grupo, generando una situación que escapa de la relación cotidiana. Originando, así, un nuevo juego de roles entre quien da y quien recibe. Poniéndolos en un mismo plano, donde el tiempo se detiene un instante, generando un momento mágico único.

LA FORMA

2

Capítulo

El regalo como efecto mágico

A juicio personal, la magia no es necesariamente lo que hacemos los magos, sino más bien es algo inherente al ser humano por el solo hecho de SER humano, y por ello la vida en si misma está llena de momentos mágicos, que con el ritmo de vida ajetreado que llevamos en la ciudad muchas veces no logramos disfrutar, ni darnos cuenta que la magia está ocurriendo frente a nuestros ojos; Encontrarse con un amigo de infancia que no ves hace siglos justo el día que decidiste ir a tu trabajo por una ruta distinta a la habitual es en sí un momento mágico; llegar cansado después del trabajo y poder abrazar a tus hijos es en sí un momento mágico; mirar las maravillas de la naturaleza en acción es en sí un momento mágico. Solo es necesario estar atentos y preparados para disfrutar esos pequeños momentos mágicos que nos regala la vida. Es por ello que lo magos no hacemos más que recrear y evocar las emociones y sensaciones mágicas de la propia vida en nuestros espectáculos .

El gesto de regalar es mágico en si mismo. Podríamos solamente obsequiar algo a un amigo y ya sería un momento mágico. El regalo en su vida interna lleva un factor sorpresa, un gesto, un acto y un modo de presentación, tal como si de un juego de magia se tratara. Entonces me pregunto:

¿Por qué no hacer que el gesto mismo sea el efecto de magia?

¿No es el abrir un regalo que te acaban de dar y descubrir que era lo que siempre quisiste, el mejor juego de magia?

Una caja misteriosa se acaba de transformar frente a nuestros ojos en algo que siempre deseamos. Agreguemos a ese regalo un contexto y un modo dentro de nuestro propio espectáculo de magia. Del solo pensar en algo mágico como un regalo, dentro del contexto de un juego de magia hace que me explote la cabeza; Algo así como regalar magia haciendo magia. Entonces... Si el gesto de regalar es en sí algo mágico, la vida interna y el efecto que usemos en la rutina no son más que la forma en la que llegamos al "verdadero efecto mágico", que es el Regalo. Esto más que restarle protagonismo al efecto de magia, le suma, ya que mientras mejor sea el juego de magia, mayor valor le entregaremos a nuestro regalo.

El ritual por el que hacemos pasar nuestro objeto va a influir directamente en la carga mágica con la que quede al finalizar el juego.

Hace años atrás, actuando en una gala mágica con otros magos, me encontraba en escena haciendo un juego de magia específicamente sobre "los regalos" en el cuál en un momento hago aparecer un regalo elegido por un niño. Al mismo tiempo, tras bambalinas, se encontraba mi querido amigo Sonyq junto a otros magos que actuarían luego. Desde donde estaban ellos lograban ver el escenario, pero no al público. Fue entonces cuando realizo la aparición del regalo. Toda la gente aplaude. Luego tomo el regalo y bajo hacia el público, en ese instante los otros magos dejan de verme y Sonyq les dice "fíjense en este momento". Fue entonces cuando se escucha la ovación, ellos sin entender le preguntan "¿que pasó? Si ya hizo aparecer el regalo..."

Lo que entendí tras esa situación es que la rutina era buena mágicamente, pues toda la vida interna del efecto estaba bien trabajada y la aparición era espectacular para la gente. Sin embargo, la potencia emotiva que tiene el hacer aparecer un regalo que un niño había escogió, luego acercarse a él y mirándolo de frente darle "Su regalo", es mucho más potente que la aparición misma por si sola.

Aquí es cuando comprendo que la emoción de la rutina radica especialmente en el obsequiar, más que en la aparición del objeto. El regalo, no el objeto. Pues la magia no es exclusiva de un juego de magia, en la vida hay situaciones que son infinitamente más mágicas que transformar una carta o hacer aparecer un objeto.

¿Cómo me di cuenta que el gesto del regalo tiene mucha más potencia que la aparición misma?
Fácil, solo debí escuchar[1] las reacciones de la gente en ambos momentos, y al darme cuenta que siempre ocurría lo mismo, algo se removió en mi cabeza.

---

[1]-. Es de suma importancia para nuestro espectáculo, siempre escuchar a nuestro público, todo lo que hacemos es para ellos.

Aparición de un regalo dibujado

Efecto: Un niño elige un regalo dentro de una bolsa con distintas opciones, el mago adivina el regalo escogido mediante un dibujo para luego transformar el dibujo en el objeto real y regalar el objeto al niño.

Se necesita:
-Un block de "ball-o-rama"
-Una pelota de fútbol
-Una bolsa de forzaje transparente
-10 papeles con distintos regalos
-10 papeles con una pelota de futbol
-Un plumón

Preparación: Se carga la pelota de fútbol en el block y en la segunda página se escribe "Pelota de fútbol" como se muestra en la figura 2.
Se ponen los 10 papeles con distintos regalos en un compartimiento de la bolsa de forzaje y los 10 papeles con la pelota de futbol en el otro compartimiento.

Rutina: Se habla sobre el concepto del regalo y donde viene la tradición de regalar, para luego decir que todo regalo para "ser un regalo" debe tener tres elementos fundamentales:

1.- El objeto, que es lo que se regala.
2.- La sorpresa, es por ello que el regalo se envuelve en papel.
3.- Y el tercero y más importante de todos: EL GESTO.

Luego se muestra que tenemos una bolsa llena de papeles con los regalos más típicos que se le dan a los niños; Legos, una muñeca, una bicicleta,etc.[2] Se da a escoger un regalo al azar y se pide que solo lo vea el espectador.

Se muestra un block gigante con el cual intentaremos bosquejar los trazos que nos vayan llegando al intentar leer la mente del espectador y adivinar el regalo escogido.
Se bosqueja una pelota de fútbol y se escribe "pelota de fútbol" (figura 1).

Se pide al espectador que muestre el papel escogido y se ve que se ha adivinado la elección (primer efecto, adivinación del regalo).

Luego se hace notar que al principio se dijo que esta rutina era sobre los regalos, y que todo regalo para ser un regalo debe tener tres elementos fundamentales:
- El objeto (se apunta el dibujo de la pelota)
-La sorpresa (se cierra el block y se hace aparecer la pelota de fútbol real, enseguida mostrar que el dibujo de la pelota no está, [figura 2])
-Y el tercero y más importante de todos: EL GESTO[3] (se toma la pelota y se regala al espectador que eligió el papel).

Fig.1.-Dibujo block con pelota

2.- En este momento agrego un pequeño gag añadiendo un papel que dice *"Nada"* y agrego: *"siempre hay gente que se le olvida llevar regalo, recuerden no volver a invitarlos el próximo año"*.

Fig.2.-Dibujo block sin pelota

3.- Por lo general al decir: *"y el tercero y más importante de todos"* miro al público y son ellos los que terminan la frase de forma espontánea diciendo *"el gesto!"*

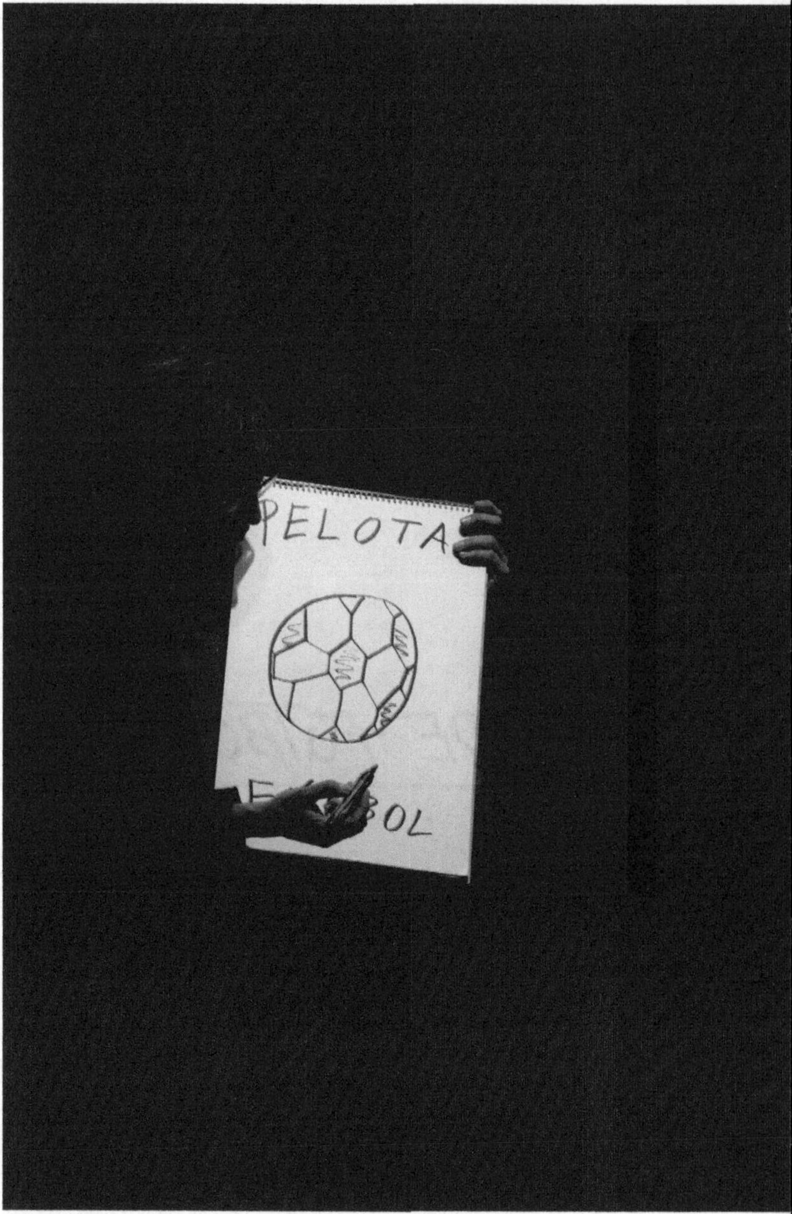
PELOTA

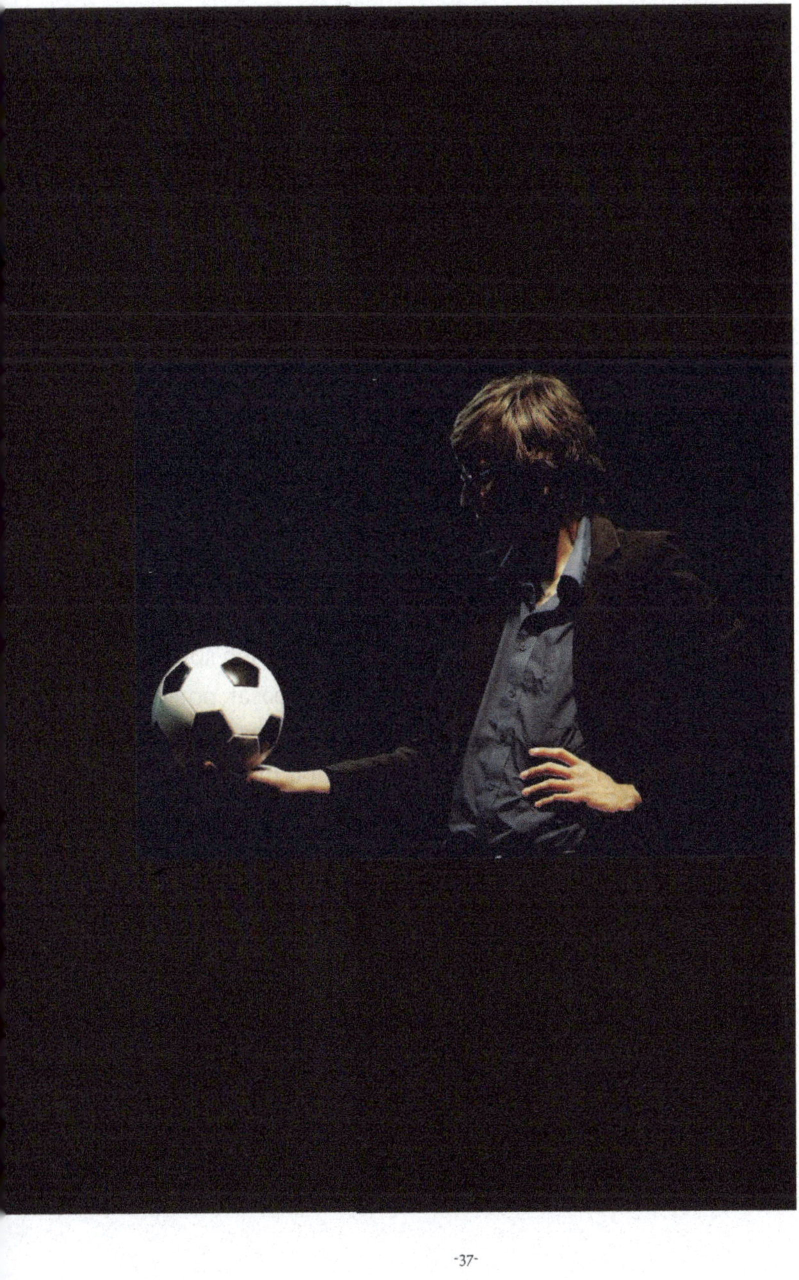

El regalo como Talismán mágico

Remontándonos a los orígenes de la magia, llegando a las húmedas y oscuras tierras de los brujos y druidas, nos encontramos con un sin fin de objetos mágicos que son la extensión de la magia del propio mago.

El mago es el ente transformador, el ente que tiene y produce la magia, sin embargo cuando los antiguos guerreros acudían en ayuda de los brujos y magos de la época, éstos lejos de acompañarlos, le daban un objeto creado por el mago, que era en sí mismo un contenedor de poderes mágicos, cumpliendo el rol de extensión de los poderes del mago, ya sea a través de una pócima, un tótem, un talismán, un amuleto, etc. Estos objetos si bien son un elemento mágico por sí mismos, debieron pasar por un ritual mágico para adquirir sus propiedades.
Así, un objeto cotidiano como una piedra, luego de un ritual mágico realizado por el mago, pasa a adquirir poderes propios que pueden ser utilizados por los mortales.

Cada vez que tomamos un objeto cotidiano y lo hacemos pasar por un ritual (rutina de magia), ese elemento deja de ser un objeto normal y pasa a ser un objeto especial. Ha pasado por un proceso de *"Talismanización"*, en el cuál un objeto **A** al pasar por el ente transformador (el mago) ha pasado ahora a ser un objeto **A`** que ha adquirido atributos mágicos en el proceso (figura. 3).

En otras palabras, la magia ha pasado por él y lo ha cargado de magia. No me digas que si tomo una moneda y la transformo en un lápiz, ese lápiz es un objeto "normal", hace un segundo era una moneda ¡Que locura!.

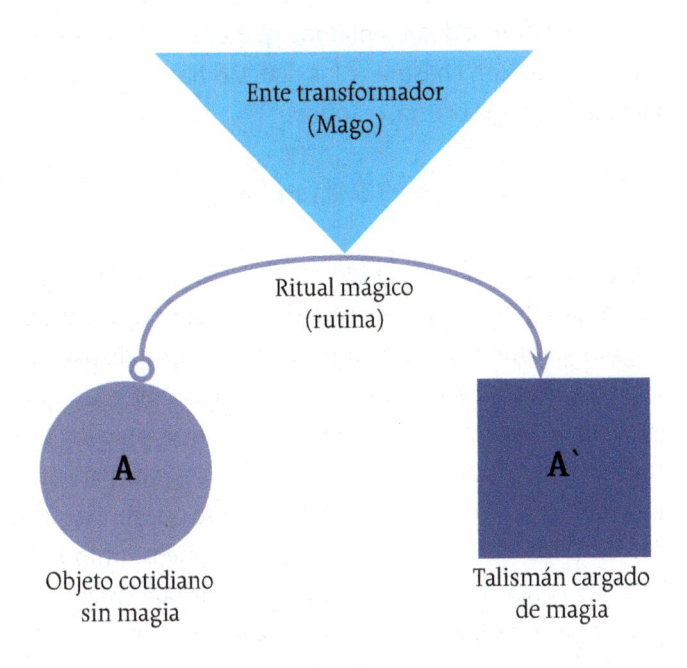

Fig.3 -Proceso de Talismanización

Las varitas mágicas v/s los talismanes

Dentro del marco del 3º congreso de magos infantiles de Chile, tuve la oportunidad de hablar con mi amigo Daniel Garber acerca de las varitas mágicas, este elemento tan común en el mundo de los magos, pero a su vez tan extraño. En esa oportunidad comentamos que el mago es el ente mágico. Basta con chasquear los dedos o hacer un soplido para que la magia ocurra, entonces

¿Cuál es el rol de la varita mágica?

Si puedo hacer un chasquido mágico para que la magia ocurra ¿por qué utilizar una varita? A mi parecer, las varitas mágicas cumplen un rol muy similar a los talismanes; Son un elemento físico que está cargado de magia y que externaliza los poderes del mago para que puedan ser utilizados por otros. Así, si saco a un niño a escena para que me ayude, necesito entregarle este elemento que he cargado con un poco de mi magia, para que él pueda utilizarlo. Bajo ese concepto es de esperar que ocurran cosas que no estaban previstas, ya que la varita que es un elemento cargado de magia, puede llegar a ser un arma en las manos de alguien que nunca ha tenido poderes mágicos, es un elemento que puede llegar a ser incontrolable para un niño, por ello pueden ocurrir cosas que escapan de la voluntad del mago. En vez de aparecer una paloma, aparece un calzoncillo, porque el niño tiene problemas para controlar la magia contenida en la varita; La varita se puede comenzar a multiplicar sin control o incluso llegar a quebrarse, porque para un mortal es difícil controlar ese cúmulo de magia contenido en el objeto.

La varita mágica lejos de ser un estereotipo del mago, es un elemento que pertenece a la familia de los báculos, los cetros, la batuta de un director de orquesta (fig.4). Todos elementos rectos cargados de magia (¿o no es magia lo que hace el director de orquesta con su varita?). Elementos que llevan consigo la perfección de la línea recta. La relación que tienen todos estos elementos rectos y lo que los diferencia de los talismanes y tótems es que los elementos tipo varas tienen dirección y sentido (fig.5). Concentrando su poder en un solo y único punto, como si de un rayo láser se tratara, generando un haz de magia infinito de mucha potencia que puede ser peligroso en el mundo cotidiano (fig.6).

A diferencia de los talismanes, que irradian magia constantemente en forma de onda, generando una potencia mágica mucho menor pero más controlada y duradera, que es irradiada en todas las direcciones generando una atmósfera mágica en torno a este objeto (fig. 7). Lo cuál inherentemente invita a la reunión, dado que lo circular de su forma invita a compartir la magia en torno al elemento.

Cuando el espectador al que le regalamos un talismán lo muestra, la gente se agrupa en torno al elemento para compartir su magia. No así las varitas que concentran la magia de forma unidireccional otorgando el poder y control de ella a un solo individuo. Es por ello que las varitas mágicas deben permanecer cerca del mago siempre, para poder ayudar a controlar su poder, pero los talismanes pueden irse con la gente, pues si bien tienen magia, son inofensivos en el mundo real.

Fig.4.-Cetros, báculos y varitas.

Tiene dirección y sentido

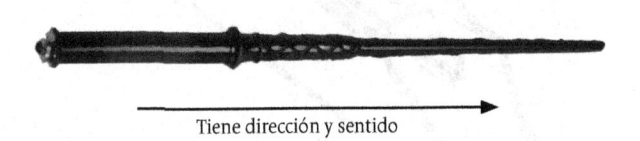

Fig.5.-varitas con dirección y sentido

Fig.6- Magia concentrada unidireccional que genera un haz de magia infinita.

Fig.7.- Magia irradiada uniformemente mediante ondas.

Entonces si en nuestro show pudimos a través de una varita hacer que un niño lograra hacer magia (un poco descontrolada) ¿por qué no cargar otros elementos y regalar magia contenida de forma más controlada y esparcirla en el mundo de los humanos?

Es allí donde lo que hacemos cobra real valor. Cuando este mundo ficticio que creamos logra penetrar y mezclarse con el mundo real, con el mundo cotidiano de las personas. Cuando lo que hacemos genera un impacto en la vida de las personas es cuando nuestra magia se transforma en arte y deja de ser un mero oficio.

Compartir nuestros poderes con los mortales denota nobleza, le da sentido a ese don que tenemos, a esos poderes mágicos con los que nacimos. El poder regalar esa pizca de magia puede realmente cambiar la vida de una persona. Los amuletos, talismanes, tótems, pócimas y todo tipo de artilugios mágicos, sí funcionan en el mundo real, funcionan en la medida en que las personas creen en ellos, (sin ánimos de entrar en polémicas) funcionan como las cadenas de oraciones, como los mantras en las religiones dhármicas, funcionan en la medida que predisponemos nuestra energía a que va a funcionar y si el mago pudo transformar una carta, que es un objeto físico que no puede cambiar, por ¿qué yo no voy a poder hacer lo que me proponga? ¿Por qué no voy a poder lograr mis sueños, lo que deseo? Si las situaciones en la vida son muchísimo más moldeables que una carta impresa...

Es así como al encontrarnos después de años con una persona que alguna vez le hicimos un juego con una carta firmada y se la regalamos, lo primero que hace al vernos, es abrir rápidamente su billetera y mostrar la carta que aún conserva día a día, diciéndonos que la ha guardado y que le ha ayudado en su vida trayéndole suerte (tal como si de un talismán se tratara).

(Que desgraciados nosotros que ni siquiera nos acordamos que juego le hicimos...)

Forzaje del espectador

En este momento quiero agregar a este escrito un concepto que nace en una búsqueda personal de encontrarme y reencontrarme con la magia real en el mundo.

Hace unos años conocí una artesana que hacía collares con un arroz escrito. En ese tiempo tenía una idea de hacer una rutina con arroz (no me pregunten en qué estaba pensando en ese entonces...) y para esa rutina necesitaba muchos arroces con una misma carta escrita (un 8 de corazones).

Fue entonces cuando le pedí que me los fabricara, pero ella me dijo que no me daría los arroces sueltos como yo le había pedido, sino que solo me los haría si me los daba en sus respectivos collares. De otra manera, al estar sueltos, el arroz se iba a romper y se estropearía su arduo trabajo. Yo en mi mente pensé que tendría mucho trabajo luego sacando cada arroz de su collar -ya que los necesitaba sueltos-.

Cuando ella llegó con los cientos de collares que le había encargado, logré ver tanto amor y dedicación en su trabajo, que decidí no sacarlos. Ya los usaría más tarde para otra cosa. Fue entonces que ella tomó uno de esos collares y lo puso en mi cuello. En ese momento vino a mi cabeza que sería muy especial que alguna vez alguien pensara libremente en una carta y que esa carta fuera el 8 de corazones que tenía yo en mi collar. Sería una gran coincidencia para ambos, una gran sorpresa para mi y para la persona, sería magia real...

¿No son las coincidencias en la vida un efecto de magia real? Fue con esta interrogante en mi cabeza que comencé a buscar al rey Arturo.

"El mago Merlín, convencido por algunos caballeros, decidió organizar un evento para nombrar a un nuevo rey. El reto consistiría en sacar una espada, la espada de Excálibur, de un yunque de hierro dentro del cuál se encontraba atrapada. Muchos fueron los que intentaron sacarla, pero ninguno pudo conseguirlo. Ninguno salvo Arturo, que consiguió retirarla sin apenas esfuerzo."

Pasaron miles, los hombres más fuertes de todo el mundo intentaron, sin éxito sacar la espada. Hasta que un día llegó aquel elegido que al nombrar una carta dijo sin saber lo que lo esperaba, ese 8 de corazones que colgaba en mi cuello. Con sorpresa y emoción le hablé a esa persona sobre la historia del rey Arturo y la espada excálibur; le dije que la vida estaba llena de magia y que aunque no lo creyera la carta que había nombrado, era la carta que llevaba años esperándolo, esperando a ese elegido que la nombrara. Tomé ese collar y lo puse en su cuello, ahora ya tenia dueño, ahora ya estaba con quien siempre debió estar.

Fue así como comencé a llevar siempre conmigo un collar con esa carta, esperando a los elegidos. Han pasado muchos años y aún tengo muchísimos collares, espero que me duren para toda la vida.

Con este experimento comencé a pensar en un nuevo concepto de forzaje, el cual nombré "**forzaje del espectador**" en contraposición al forzaje del mago, en el cuál el mago de ante mano tiene destinada la carta que va a elegir el espectador.

Nace la idea de tener un stock de juegos preparados con ciertas cartas y cuando el espectador nombre libremente una carta, lo que hace es "Forzar" al mago a hacer el juego con esa carta, es decir, si el espectador nombra por ejemplo el 8 de corazones, lo que haría es forzar el efecto del collar que ando trayendo.

Para mi ha resultado de los forzajes más limpios y potentes para los espectadores, ya que es una carta pensada por él, en la cual no podemos haber influido. Sin embargo luego pasa algo imposible con un juego que ya teníamos preparado con dicha carta.

Lo mismo ocurriría si tomáramos -por ejemplo- el 2 de picas de nuestra baraja y lo pusiéramos en nuestra billetera esperando a que la magia real ocurra. Cuando le pedimos a un espectador que piense libremente en una carta y él nombra por casualidad el 2 de picas, le decimos que tome la baraja y que busque el 2 de picas que es la carta que ha elegido y que vamos a usar. El espectador busca la carta y no la encuentra, es allí cuando decimos, "que raro que hayas escogido esa carta, ya que es mi carta favorita y es la única carta que no está en la baraja porque la llevo siempre en mi billetera".

Abro la billetera, revelo la carta y la regalo, para que ahora esa carta pase a estar en su billetera para siempre, porque de seguro se transformará en un talismán para su vida y por qué no, quizás se transforme en su carta preferida de ahí en adelante.

Se que lo que acabo de explicar parece algo banal y hasta absurdo, pero te pido que le des una oportunidad y pruebes su potencia en el espectador. Para ellos se torna imposible que hayan nombrado una carta y que esa carta haya estado siempre en mi billetera.

Siempre he creído que la magia real existe y constantemente estoy en la búsqueda de estos pequeños atisbos de magia real que nos brinda la vida. Te invito a siempre buscar. La magia real es tímida, caprichosa y no se deja ver con facilidad, debes siempre tener los ojos bien abiertos para cuando ella decida cruzarse en tu camino.

*"La belleza no está en las cosas
sino en el espíritu que las contempla
y que no tiene nada que ver
con el cálculo y la geometría"*

Hume.-1757

La carta en la manga

Uno de los efectos que llevo siempre conmigo utilizando el forzaje del espectador es el efecto de la carta en la manga. Es un pequeño efecto que causa gran impacto en el espectador y que no requiere nada más que una buena presentación, pues el espectador hace todo.

Efecto: Se le pide al espectador que nombre una carta al azar. La carta escogida se busca en la baraja y no está, para luego encontrar la carta estampada en la manga de la camiseta del mago.

Se necesita:
-Una camiseta manga larga (de preferencia la camiseta con la que actuamos y tiene nuestro logo de mago) a la cuál le hemos estampado nuestra carta favorita por dentro de la manga.
-Una baraja.

Preparación: Lo más importante de la rutina es llevar puesta la camiseta con la carta estampada (sin ella el juego no resulta jaja), además debemos quitar de la baraja la carta que tenemos estampada en la manga.

Rutina: Se le pide al espectador que nombre libremente una carta. Si el espectador nombra el 7 de picas (En mi caso llevo una camiseta impresa con el 7 de picas) se utiliza el concepto del forzaje del espectador[4] que expliqué previamente.

Se le pide al espectador que busque el 7 de picas en la baraja y al no encontrarla, uno dice "Que curioso que no esté..." Pero más curiosa es aquella típica frase de que los magos siempre tenemos "una carta en la manga" Por favor revisa mi manga.

El espectador revisa y no encuentra nada, en ese momento decimos: "dije una carta EN la manga, no DENTRO de la manga".

En ese instante se da vuelta la manga de la camiseta y se muestra la carta elegida.

---

[4].- Si el espectador dice cualquiera de las otras 51 cartas de la baraja, se hace un juego distinto, como se explica en el forzaje de espectador (pág. 48)

Nota: Para aumentar las posibilidades de hacer este juego a mis camisetas les imprimo un 7 de picas en la manga izquierda y un 7 de corazones en la manga derecha, teniendo así dos posibles opciones.

Rol del regalo en el efecto cometa

Todo lo que percibimos está alterado por nuestra propia percepción. Nuestros recuerdos de las cosas que hemos vivido no son más que una imagen irreal de algo que ocurrió y que nuestra mente influenciada por diferentes factores internos y externos, modificó para crear una nueva realidad propia, que no necesariamente es lo que realmente está ocurriendo.... O quizás si. La percepción es efímera, y en ningún caso es absoluta, más aún con la magia, que además del juego de percepción que hace nuestro propio cerebro cuando procesa cualquier información, hay un factor externo de irrealidad originada por el propio mago al hacer que nuestro cerebro se enfrente al imposible.

Cada vez que hacemos un juego de magia, el cerebro no logra procesar toda la información que está ocurriendo en ese momento y toma atajos. Esa es la base principal de la magia como tal. Es en esos atajos donde los magos logramos engañar al cerebro humano, consiguiendo que este genere un recuento de la situación que acaba de vivir que es en mayor o menor medida, distinto y/o distante de lo que realmente ocurrió.

Es aquí donde nace el efecto cometa, que es más bien la sensación que queda en el espectador después de haber visto un juego de magia, el cuál está modificado por las emociones que vivió el espectador en ese momento y que luego han generado un recuerdo que es más cercano a la sensación que se sintió a lo que realmente vio.

Ejemplos de ésto hay muchos, basta con hacer aparecer una carta lanzándola desde la baraja y atrapándola en el aire para que cuando el espectador cuente lo que vio intente transmitir no solo lo visto, sino lo que sintió. Para que llegue a contar que no lanzaste la carta, sino que la carta voló de la baraja a tu mano, ese simple cambio de verbo, genera una bola de nieve, cuando la persona que acaba de escuchar lo que pasó, cuente lo que le dijeron, deje volar su imaginación contando que la carta voló por toda la habitación y luego llegó a tu mano. Y así cada vez más increíble cada vez que se cuente, como el típico juego del teléfono, donde se dice una frase y ésta llega al último jugador siendo algo totalmente distinto.

¿Qué ocurre ahora si a ese efecto cometa, le agregamos un regalo? El regalo cumple una función de catalizador de la emoción en el efecto, cuando hacemos un juego de magia hay una emoción involucrada, esta emoción se potencia cuando el elemento que acabamos de utilizar para hacer magia, lo regalamos al espectador.

Esto ocurre, primero porque el espectador puede revisar el objeto y ver que es un objeto completamente normal y eso hace que termine de matar las posibles soluciones que habían en su cabeza, y segundo, porque ese objeto ha pasado por un proceso de ritual y ahora ha dejado de ser un objeto cotidiano para ser un elemento que tiene un valor mágico. La emoción por la que hemos hecho pasar al espectador es mayor, por lo tanto su recuerdo estará aún más próximo a lo que sintió que a lo que realmente vivió, por ende, el detonante del efecto cometa parte con mucha más fuerza. Lo que hará que la situación que nuestro espectador cuente gane potencia y espectacularidad.

Una vez que el espectador cuente a un amigo lo que vivió, relatando una realidad potenciada (no irreal, pero si potenciada) su amigo recibirá esto en un estado de latencia (estado de no poder creer lo que le están contando). Ante el escepticismo de su amigo, el espectador le mostrará el objeto regalado, validando su historia con una prueba física que confirma que todo lo que ha contado por más imposible que parezca fue real. Es así como al amigo no le queda más que recibir este efecto cometa en su mente y hacerlo crecer, para lograr transmitir lo que él sintió con la historia del efecto y su confirmación física del objeto.

Realidad potenciada= Efecto cometa + regalo

Entonces, el regalo, confirma y potencia el efecto cometa, potenciando el efecto mágico en el tiempo. Tal como un libro que revive a su autor cada vez que es leído, el efecto cometa potenciado por el regalo, genera un efecto de magia supratemporal[5] que nos hará revivir como magos cada vez que el efecto sea contado, dicho de paso, cada vez que alguien haga alusión al objeto (que nuestro espectador guarda celosamente como un talismán.)

5.- Supratemporal: Que va más allá del tiempo.

El regalo como confirmación de la ficción

La mayor responsabilidad de los magos es corresponder a la propia ficción que hemos creado.
Les hacemos creer algo a los espectadores que antes creían imposible y es nuestro deber procurar que esa llama que hemos encendido, esté siempre ardiendo.

Es de vital importancia para entender nuestro arte, lograr comprender el proceso por el cuál hacemos pasar al espectador mediante un efecto de magia; comprender el viaje ficcional por el que pasa el espectador, desde la realidad cotidiana en la que habita, hasta el mundo donde todo es posible que estamos creando y demostrando frente a sus ojos, es por ello que necesitamos entender que una vez que hemos logrado instaurar la posibilidad de este mundo ficcional en la mente del espectador, es nuestra absoluta responsabilidad hacer que eso que hemos logrado perdure en el tiempo o por lo menos en el tiempo más próximo.

Siempre he tenido un problema con la magia con animales. Si bien me parece increíble la potencia que tiene, me incomoda un poco el momento posterior a la aparición, en el que el mago toma el animal y lo guarda en su jaulita, jaula que ya tenia preparada y que incluso tiene rastros de ya haber sido usada por el animal.

Lo que siempre me he preguntado es; Si un mago tiene poderes, y puede hacer aparecer a un animal, ¿por que después lo guarda?... Debe tener una plaga en casa, si en cada show hace aparecer uno. ¿O quizás no lo hizo aparecer? Y solo tiene uno... Quizás lo trajo desde antes en la jaula donde lo guardó... Entonces no lo hizo apareces... Solo lo trajo, lo escondió y luego lo sacó....

Esta sola incongruencia en la ficción que estamos planteando puede ser fatal a la hora de enfrentarnos frente a nuestro público, ya que entrega una pista del camino de vuelta hacia el secreto y lo saca de la ficción que estábamos generando con la rutina y la aparición.
Por ello se vuelve fundamental ser congruentes dentro de la ficción que planteamos, es aquí donde nace la pregunta:

> ¿Debo regalar a mi animal cada vez que
> lo hago aparecer?

Mi respuesta inmediata es "Si", debemos regalar los animales cada vez que los hagamos aparecer. Si bien mirándolo desde el oficio, logro entender que los animales son caros y es una inversión entrenarlos y que sería una locura regalarlos en cada show, creo que la locura es el alma de la magia y que debemos siempre apuntar a esas locuras. Sin embargo, es aquí donde entramos de fondo en la problemática de base. Si genero la ficción de que tengo poderes y que puedo hacer aparecer animales, debo regalarlos, o por lo bajo dejarlos irse libres al mundo porque es congruente con la ficción que estoy generando.

Pero, ¿y si no los hago aparecer?

Aquí quiero traer a escena a mi amigo Italo Castillo, gran mago infantil, que trae una solución brillante a esta problemática. Italo dentro de su espectáculo, les habla a los niños sobre las mascotas y les cuenta que al igual que ellos, él también tiene mascotas, pero que las tiene en su casa, entonces genera el conflicto de que los niños quieren conocer a sus mascotas, pero que no pueden porque no están en ese lugar, es ahí donde para solucionar el conflicto planteado, hace una ¨aparición¨ que en este caso no sería una aparición, sino más bien un viaje desde su casa hasta el lugar del show, entonces, si el animal que acaba de aparecer en el escenario es su mascota y estaba hace unos instantes en su casa, es congruente con la ficción que luego guarde el animal para llevárselo a su casa nuevamente, o bien podría volver a hacerlo desaparecer y mandarlo de vuelta de donde vino.

Es aquí donde nace una nueva posibilidad en la ficción, donde tomo una problemática y con ingenio y categoría, logro tomarla a mi favor e incluir la solución como columna vertebral de la rutina, quizás ya no soy un generador de vida (que es el simbolismo detrás de la aparición de un animal), sino más bien puedo hacer viajar a mi mascota al lugar que yo quiera, o puedo recibir un correo justo en el momento que estoy actuando a través de mi paloma mensajera mágica, que aparece en el escenario con una predicción atada a la pata y luego respondo el correo y la hago desaparecer, las opciones de la ficción son infinitas.

Sin embargo, lo importante es que sea congruente con lo

que planteo en mi rutina, si soy un "generador de vida" y puedo hacer aparecer una paloma viva desde mis manos, entonces debo dejar que se vaya volando sola hacia el cielo, pero si quiero guardarla debe estar justificado, porque el efecto no termina en la aparición, termina en lo que hacemos posteriormente con el animal que hicimos aparecer.

El tema de los animales es en si un tema complejo y hay que abordarlo con cautela, pero ¿Qué pasa con los objetos que hacemos aparecer?

Si soy mago, y genero la ficción de que puedo hacer aparecer un objeto, entonces, ¿De que me sirve a mi ese objeto? Si en casa tengo miles. Solo debo chasquear los dedos para que aparezca uno más. Para mi como mago ese objeto no tiene ningún valor, porque es algo tan cotidiano que se vuelve irrelevante. Pero... ¿Cual es el valor de ese objeto para el espectador? Ese objeto que acabamos de hacer aparecer, destruye todas las leyes físicas de esa persona en su realidad cotidiana. Ese objeto acaba de destrozar su cerebro (y de paso cambiarle la vida), ¿No es mejor y hasta noble regalarle ese objeto?

Cuando un mago hace aparecer un objeto y luego lo guarda, me queda la sensación de que el mago está intentado decir "Mira, tengo poderes. Hago aparecer cosas y tu no, pobre mortal..." Sin embargo, cuando regalamos el objeto es "Si, tengo poderes, y se que tu no, pero quiero compartirlos contigo. Quiero que te lleves este talismán cargado de magia y que puedas usarlo en tu vida, para lograr tus sueños, o bien, para regalarles una pizca de magia a las personas que amas" Bajo este concepto, se vuelve primordial el hecho de regalar los objetos que hacemos aparecer. Primero porque es coherente con la ficción que estamos planteando al hacerlo aparecer y segundo porque es inhumano mostrarle un dulce a un niño y no dárselo...

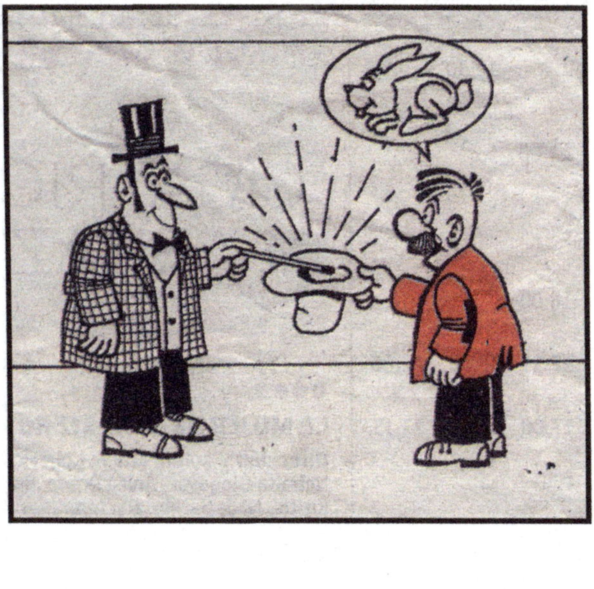

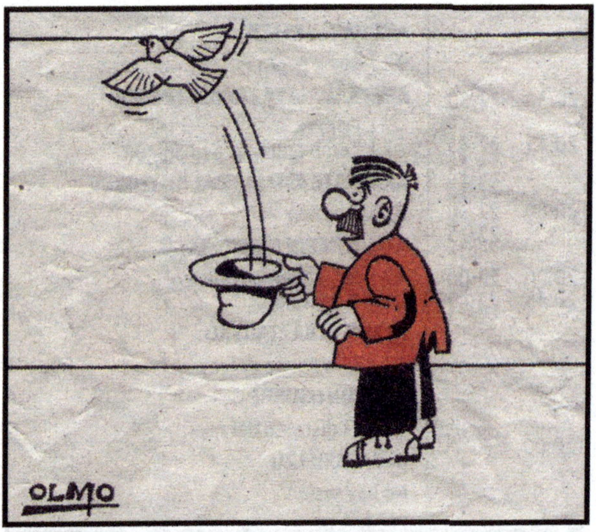
OLMO

Un ejemplo clásico donde nos enfrentamos a la problemática de ser coherentes con la ficción que estamos generando, es el típico efecto de magia de hacer aparecer una moneda desde la oreja de un niño, en este caso en particular, el mago se acerca con la mano vacía a la oreja del niño y pregunta ¿Qué tienes aquí? y saca una moneda de su oreja, para luego guardar la moneda e irse. Esta acción es de lleno:

un asalto a mano vacía

Ya que si analizamos la ficción que estamos planteando en el efecto, al preguntar que tiene en la oreja, lo que en realidad estamos realizando como efecto mágico es una extracción de la moneda desde dentro de su oreja y no una aparición propiamente tal, pues la aparición no necesita de un lugar físico de origen, a menos que estemos planteando la oreja como un canal comunicativo entre dos dimensiones, y en ese caso, sigue siendo una extracción, pero no una aparición, por lo tanto, es congruente, con que a muchos magos nos ha pasado que el niño nos dice:

"Dame mi moneda! Estaba en mi oreja, es mía..."

Y por supuesto! Esa moneda es suya, yo solo la saqué de su oreja, solo fui un medio para que ese milagro fuera posible, pero en ningún caso esa moneda es del mago.

A muchos colegas les causa risa que el niño les pida la moneda, debido a que han vanalizado el efecto y no ven la real situación que hay detrás del efecto y más aún no ven lo que está pasando en la mente de ese niño al experimentar esa experiencia mágica, piensan que el niño es un pillo que se quiere quedar con la moneda del mago y dan vuelta la situación con algún chiste o comentario.

Los niños se dejan llevar por su imaginación y eso hace que sus vivencias sean mucho más intensas, el niño luego de la extracción de la moneda, se toca la oreja, revisa si hay más, siente el momento exacto cuando sale de su oreja, lo escucha, lo siente en el roce de la moneda con su oreja y su pelo. Es por eso que es fundamental regalar la moneda que hemos sacado de su oreja, por que no es nuestra, porque le estaríamos robando a ese niño su moneda, que llevaba quizás cuanto tiempo dentro de su oreja.

¿Por qué si hacemos aparecer un caramelo de su oreja lo regalamos y si hacemos aparecer una moneda de medio dolar la guardamos?

Para el niño la moneda y el caramelo son exactamente iguales, ambos salieron de su oreja, ambos son elementos que el ve y desea en ese momento, ambos los siente suyos y agradece al mago haberlo sacado de la oreja.

La respuesta es que para nosotros como magos, estos dos elementos son distintos, ambos tienen valores muy distintos monetariamente hablando, pero eso no puede ir en desmedro de la experiencia que queremos hacer vivir al espectador. En mi caso particular simplemente no hago aparecer en una oreja algo que en realidad no quiero regalar, por ende si hago aparecer una moneda, no es una de medio dolar, sino una de $100clp (una pequeña moneda de curso legal) para poder regalarla, más bien, devolverla a su legitimo dueño.

Hay elementos que muchas veces deberíamos regalar porque es coherente con la ficción planteada, sin embargo no los regalamos porque para nosotros es caro adquirirlo, sin embargo eso no debería ser un factor que vaya en desmedro de nuestro espectáculo, pues todo lo que somos y todo lo que hacemos es por y para nuestro público. Ellos son el factor clave al momento de decidir nuestras rutinas, ligado al viaje que queremos que experimenten. Y si dentro de ese viaje, el regalar un objeto es coherente y potencia la experiencia y el efecto mágico, es nuestro deber como artistas abogar por que eso se lleva acabo de la mejor manera.

Por lo cuál el valor del objeto regalado, no debe entrar en la ecuación que nos haga decidir si regalarlo o no.

Es más si deseamos ser realmente profesionales en nuestro oficio, debemos actuar igual que cuando compramos un juego de magia en una tienda, no importa si el juego es barato o caro, importa el efecto que este puede llegar a tener en nuestras manos al presentárselo a nuestro público

Así mismo, no importa si el regalo es barato o caro, importa el impacto que ese objeto puede llegar a tener en la vida del espectador y como este se relaciona con la potencia del efecto y lo que queremos entregar como artistas.

Así como un buen juego de magia que compré en una tienda se termina pagando solo, al lograr que mi show mejore y trayendo esto más contrataciones a la larga. Lo mismo pasa con los objetos que regalamos, que si mejoran nuestro show, se terminan pagando solos y van incluidos en el valor que cobro por mi espectáculo.

Lo que ha unido la magia, no lo separe el hombre

Efecto: se realiza un rutina con dos bolas de esponja, una roja y una azul, en la cuál se plantea el romance entre ambas bolas, demostrando que aunque se separen vuelven a estar juntas siempre, al final en la mano del espectador se declaran marido y mujer y "que lo que la magia ha unido, no lo separe el hombre", al abrir la mano hay una sola bola mitad azul, mitad roja.

Se necesita:
-2 bolas rojas
-1 bolas azul
- 1 bola mitad roja mitad azul (fig.8)

Preparación: se guarda la bola azul/roja en la esquina superior del bolsillo izquierdo del pantalón, se guarda una bola roja en la parte baja del bolsillo izquierdo y se muestran dos bolas en la mesa (roja y azul).

Rutina: En la primera fase se muestran las dos bolas en la mesa y se plantea que tienen un romance, para demostrar esto, se pone la bola roja en la mano izquierda (falso deposito) y la bola azul en la mano derecha (se juntan ambas bolas), al hacer un pase mágico[6] las bolas aparecen juntas en la mano derecha, luego se repite la fase pero esta vez en la mano del espectador, quien elige una bola para el mago, en este caso la azul, la cual se deposita en la mano izquierda (falso deposito) y la bola roja se pone en la mano del espectador (se ponen ambas al mismo tiempo de forma secreta), para luego hacer un pase mágico y que las bolas se vuelvan a encontrar en la mano del espectador. En ese momento la atención del espectador en su mano es tan grande que hacemos una carga de la bola roja que se encuentra en el bolsillo y la dejamos oculta en la mano izquierda.[7]

Se toma la bola azul y se deposita en la mano izquierda (falso deposito de túnel, manteniendo la tercera bola oculta dentro) y la bola roja se guarda en la mano derecha, se hace un pase mágico y al abrir la mano izquierda (donde estaba a la azul) está la bola roja y en la mano izquierda está la azul (solo se muestra la azul y la roja se mantiene empalmada y oculta en la mano).

Ahora tomamos la bola roja junto a la otra roja que está oculta y la dejamos juntas en la mano izquierda como si fuera una, tomamos la bola azul y hacemos un falso deposito de túnel en la misma mano izquierda, manteniendo las bolas rojas dentro y la azul oculta ahora en la mano derecha. Le ponemos ambas bolas rojas en la mano del espectador y que cierre su mano.

6.- El pase mágico de la rutina puede ser un beso el cual da paso a situaciones cómicas en todo momento, que el espectador lance un beso a la bola, pero le llega al mago, el mago le lanza un beso al espectador, etc.

7.-Aquí voy a utilizar un concepto publicado en mis notas de conferencia y en mi libro **ReBALLution**, titulado *concepto de bola oculta*, el cual consiste en hacer una rutina donde el espectador ve siempre 2 bolas cuando en realidad hay 3 y siempre hay una de las tres que está oculta.

Ahora sin abrir la mano le pedimos que saque una de las dos bolas "la roja o la azul" (en realidad tiene dos rojas) al sacar la bola roja el espectador asume que tiene la azul, ahora tomamos la bola roja y hacemos un pintaje con la azul que tenemos oculta.
El espectador abre su mano y su bola a cambiado de lugar con la tuya. (En la presentación se habla de que están tan enamoradas que una daría la vida por la otra).

En la ultima fase tenemos la bola roja empalmada en la mano derecha y con esta mano tomamos la bola azul, mientras que con la derecha tomamos la otra roja, y le decimos al espectador que elija una la azul o la roja, independiente de cual elija, vamos a llevar la bola roja al bolsillo izquierdo, para luego hacer un pase mágico y que las bolas vuelvan a estar juntas en la mano derecha.
Se abre la mano y hay dos bolas.

Se intenta repetir el efecto, se mete la bola roja al bolsillo y la bola azul se encuentra en la mano derecha, pero al abrir la mano, solo hay una bola azul, revisamos el bolsillo y nos damos cuenta que la bola roja sigue ahí y la sacamos nuevamente (en este momento lo que hacemos en realidad es sacar la bola roja/azul, pero mostrando el lado rojo y con la mitad azul levemente comprimida en la mano) y decimos que no funcionó porque no hicimos el pase mágico, tomamos ambas bolas y las dejamos en la mano , para luego sacar la azul y llevarla al bolsillo, mientras que le pasamos la bola roja al espectador y le decimos que la mantenga cerrada (lo que en realidad estamos haciendo es dejarle la bola azul/roja), se plantea que ambas bolas han pasado por tantas cosas en esta rutina que han decidido casarse y ...

"por el poder que me confiere la magia, los declaro marido y mujer, y que lo que ha unido la magia que no lo separe el hombre."

El espectador abre la mano y se encuentra con una bola mitad azul, mitad roja, la cuál es regalada para que conserve en su vida un símbolo del verdadero amor y que le recuerde día a día que esa unión de dos seres en un mismo cuerpo es el verdadero amor.

Fig.8.- Bola roja con la mitad teñida de azul

Nota: para esta rutina, compré una bolsa de bolas de esponjas rojas al por mayor y les teñí la mitad de la esponja de color azul, quedando así una sola bola de dos colores, que regalo cada vez que hago la rutina, créanme que el impacto para el espectador cuando abre la mano es tremendo y no me duele ni un poco regalar una bola de esponja, con el fin de llenar este mundo de talismanes de amor verdadero. (El regalo como talismán mágico [pág. 38])

Predicción tesoro

Efecto: se plantea un concurso entre 5 participantes, mostrando un cofre cerrado con un candado que contiene un premio dentro, se tienen 5 llaves de las cuáles solo una abre el cofre, las llaves son mezcladas y repartidas a los espectadores. El espectador que tiene la llave correcta, al abrir el cofre se encuentra con una predicción que dice cuál espectador es el que está abriendo el cofre.

Se necesita:
-Un cofre pequeño
-Un candado mentalista[8]
-5 llaves idénticas
-Un papel con una predicción
-Un porta candado (fig. 9)
-Un cáncamo cerrado (fig. 10)

8.- El candado mentalista es un candado que funciona por gravedad, al estar hacia un lado abre y al estar hacia el otro no abre.

Fig.9.- Porta candado

Fig.10- cáncamo cerrado

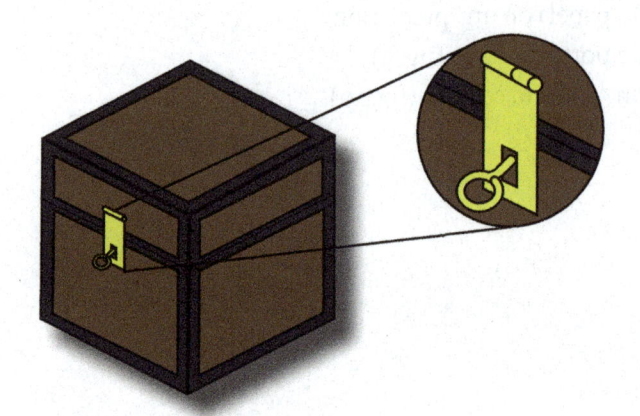

Fig.11- cofre con porta candado y cáncamo

Preparación: Al cofre se le instala solo la parte con bisagra del porta candado (parte grande) y la parte pequeña se reemplaza por un cáncamo (fig. 11)
Dentro del cofre se pone un papel que dice "El espectador número 4 ha abierto el cofre".
El cofre es cerrado con el candado en la posición en la que no abre.

Rutina: Se llama a 5 espectadores para participar en un concurso tipo "ruleta rusa". Se muestra el cofre con el candado para explicar que quien logre abrir el candado se llevará un premio que está dentro del cofre. Se muestran 5 llaves y se van probando en el candado, primero las 4 que no abren, para finalmente mostrar que una si abre.

Para mostrar que la última llave abre, se gira el cáncamo en 180°, esto hace que el candado gire a la posición en la que si abre (fig. 12).
Luego se vuelve a cerrar y a girar en 180° para dejarlo en la posición en la que no abre.

Se le pide a los espectadores que se pongan en linea mostrando que cada uno quedará en una posición del 1 al 5, para luego hablar sobre el azar y las decisiones que tomamos en la vida. ¿Cómo influyen nuestras decisiones?. Se les pide a los espectadores que se mezclen a voluntad entre sí. Luego, si alguno siente que debe cambiar de posición que lo haga en este momento, recordando que su decisión puede cambiar su destino y el de los demás.

Una vez que los espectadores se han cambiado de posición, se enumeran de 1 a 5 y se les pasa una bolsa con las 5 llaves dentro para que las mezclen y saquen una al azar.

Ahora se les pide que si alguno siente que debe cambiar su llave por la de otro, que lo haga en ese momento, volviendo a remarcar que su decisión puede cambiar el destino de todos. Una vez que cada espectador tiene su número y su llave, se van haciendo pasar uno a uno a probar sus llaves.

El espectador número 1 prueba su llave y no abre, el espectador número 2 tampoco abre, el 3 tampoco. Al llamar

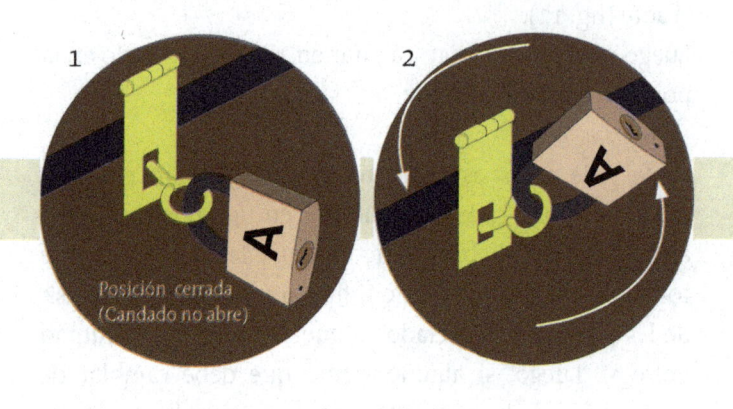

Fig.12- Secuencia de giro del candado y cáncamo en 180°

al cuarto espectador se gira nuevamente el cáncamo en 180º para que ahora el espectador logre abrir el candado.

Se felicita al espectador número 4 diciéndole que tiene mucha suerte ya que hoy se llevará de regalo lo que hay dentro del cofre.

El espectador abre el cofre y se encuentra con un papel. Se le pide que lo abra y lo lea en voz alta. En el papel se lee "El Espectador número 4 ha abierto el cofre", Se le dice al espectador que el regalo que se va a llevar es en realidad haber tenido esta experiencia imposible que recordará para toda su vida.

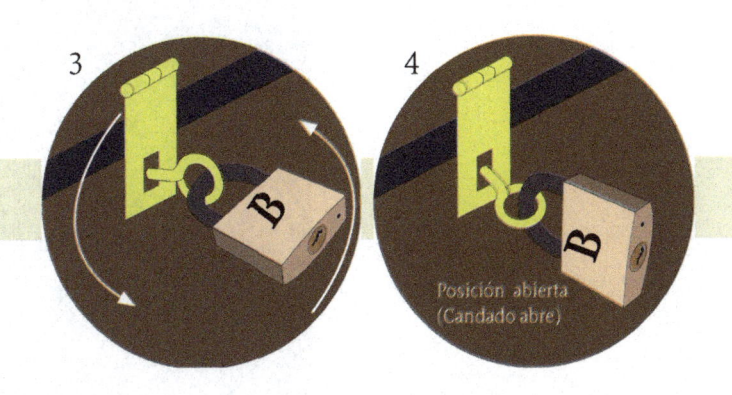

TEMPORALIDAD Y ESTRUCTURA

3

Capítulo

Efectos semilla y la extemporaneidad del espectáculo

El juego y la rutina de magia tienen un tiempo y un espacio intrínsecos que pocas veces tomamos en cuenta. Por lo general las rutinas de magia solo viven en un tiempo y espacio ficcional, dentro del contexto de nuestro espectáculo y por el tiempo que este dure. Es decir, generamos un espacio escénico y un tiempo que corre a nuestro ritmo dentro del marco de nuestro show y el efecto de magia transcurre y vive solo en ese tiempo y espacio.

Por otra parte encontramos algunos efectos que se salen levemente de ese espacio escénico y lo llevan a un espacio más real, estos efectos son más cercanos al Street Magic, y son efectos donde se trabaja como elemento mágico con algún objeto del mundo real, rutinas tipo Criss Angel donde se ensarta en una reja de una casa.

Me imagino a un espectador cada vez que pasa por esa casa, dice "Una vez vi a Criss Angel ser atravesado por esa reja y no le pasó nada" Lo mismo con sacar con magia una lata de bebida de alguna máquina de refrescos. Cada vez que el espectador pase por esa máquina hará ese comentario.

En estos casos el efecto de magia a quedado atrapado en un espacio. Ha quedado atrapado en la dimensión de los humanos, ha quedado impregnado para siempre en ese espacio físico, sin embargo, sigue perteneciendo a un tiempo determinado en el cuál ocurrió la rutina.

Aquí es donde viene la pregunta ¿Puede un efecto de magia trascender la temporalidad de nuestro espectáculo? ¿Puede un juego de magia permanecer fuera del tiempo escénico por sí solo, sin la participación del mago? Mi respuesta inmediata a estas dos preguntas es "Si, puede". Y más aún son efecto interesantísimos.

He nombrado a uno de estos tipos de rutinas como **efectos semilla**, son rutinas que viven y se sustentan en si mismas, pero que a la vez están plantando una semilla que germinará en el tiempo, fuera de nuestro alcance temporal, transgrediendo los limites del tiempo ficcional de nuestro espectáculo.

En el año 2015, Chile es sede de la Copa América de fútbol. Como muchos sabrán el equipo de Chile nunca había sido campeón de una copa América y en esta oportunidad las posibilidades estaban a nuestro favor.

Chile contaba con la generación dorada del fútbol chileno; teníamos la hinchada a nuestro favor; el fixture nos favorecía; Brasil -nuestra eterna pesadilla- estaba pasando por su peor momento futbolístico. En fin, las posibilidades eran altas, es por ello que decidí hacer un video viral en donde hacía una rutina de magia interactiva, en el cuál mostraba distintos equipos de la copa numerados de 1 a 5.

Las personas participaban en el video a través de su pantalla y yo iba descartando equipos hasta llegar al equipo en el cuál estaba su dedo.

Este juego se sustentaba en sí mismo como un juego de adivinación a través de la pantalla. Sin embargo tenía una pequeña semilla oculta, los dos últimos equipos que quedaban para descartar eran Chile y Argentina (la final más probable para alguien que sabe de fútbol) y finalmente quedaba Chile sin ser eliminado y a su vez elegido por el espectador.

Este video lo subí a youtube días antes de comenzar la copa América y se fue viralizando para apoyar a nuestra selección. Pasaron los días, los partidos se fueron jugando, hasta que terminan los partidos de semifinal y el mismo día me llaman del portal de noticias *SoyChile.cl* diciendo que quería hacer una nota conmigo por haber hecho una predicción de que la final efectivamente iba a ser Chile y Argentina.

La nota salió, se viralizó por Chile con la expectación de que según el mago que ya había acertado la semifinal, Chile después de 100 años de copa América iba por fin a ser campeón (no hay mal que duré 100 años.... ni hinchada que lo aguante.)

Esto por fortuna trajo una oleada de entrevistas, likes y reproducciones (y por que no decirlo, muchas contrataciones después) (fig.13 y 14).

Finalmente, luego del triunfo de Chile frente a Argentina, me vuelven a llamar para hacer la una nota por haber predicho el triunfo del equipo Chileno, junto a miles de personas en las redes sociales que me hablaban felicitándome o tratándome de brujo (fig. 13)

Fig.13- Segunda publicación en portal de noticias *soychile.cl*

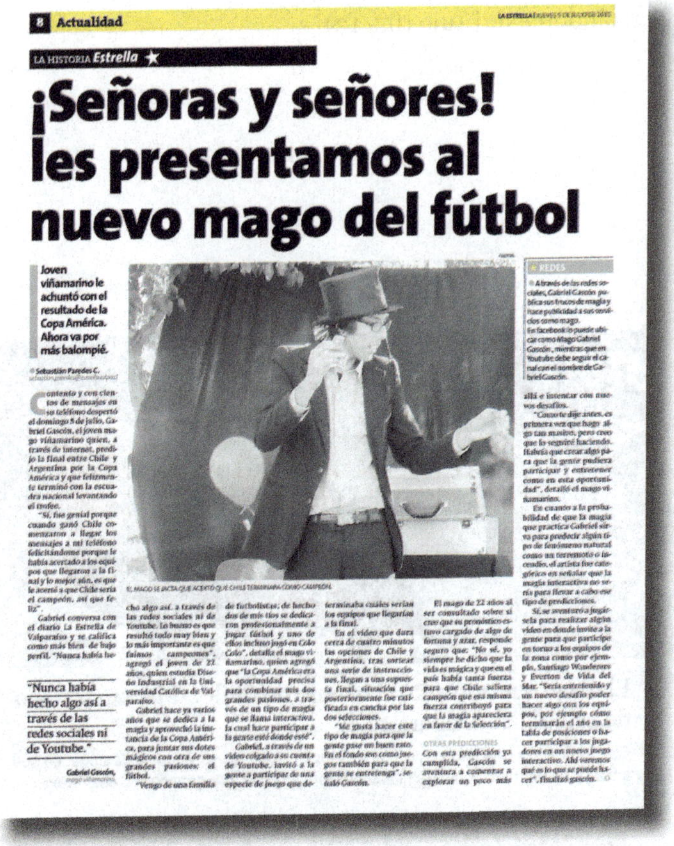

8 Actualidad

LA HISTORIA *Estrella*

¡Señoras y señores! les presentamos al nuevo mago del fútbol

Joven viñamarino le achuntó con el resultado de la Copa América. Ahora va por más balompié.

Sebastián Paredes C.

Contento y con cientos de mensajes en su teléfono despertó el domingo 5 de julio, Gabriel Gascón, el joven mago viñamarino quien, a través de internet, predijo la final entre Chile y Argentina por la Copa América y que felizmente terminó con la escuadra nacional levantando el trofeo.

"Sí, fue genial porque cuando ganó Chile comenzaron a llegar los mensajes a mi teléfono felicitándome porque le había acertado a los equipos que llegaron a la final y lo mejor aún, es que le acerté a que Chile sería el campeón, así que feliz".

Gabriel conversa con el diario La Estrella de Valparaíso y se califica como más bien de bajo perfil. "Nunca había hecho algo así, a través de las redes sociales ni de Youtube. Lo bueno es que resultó todo muy bien y lo más importante es que fuimos campeones", agregó el joven de 22 años, quien estudia Diseño Industrial en la Universidad Católica de Valparaíso.

Gabriel hace ya varios años que se dedica a la magia y aprovechó la instancia de la Copa América, para juntar sus dotes mágicos con otra de sus grandes pasiones: el fútbol.

"Vengo de una familia de futbolistas, de hecho dos de mis tíos se dedicaron profesionalmente a jugar fútbol y uno de ellos incluso jugó en Colo Colo", detalla el mago viñamarino, quien agregó que "la Copa América era la oportunidad precisa para combinar mis dos grandes pasiones, a través de un tipo de magia que se llama interactiva, la cual hace participar a la gente esté donde esté".

Gabriel, a través de un video colgado a su cuenta de Youtube, invitó a la gente a participar de una especie de juego que determinaba cuáles serían los equipos que llegarían a la final.

En el video que dura cerca de cuatro minutos las opciones de Chile y Argentina, tras sortear una serie de instrucciones, llegan a una supuesta final, situación que posteriormente fue ratificada en cancha por las dos selecciones.

"Me gusta hacer este tipo de magia para que la gente pase un buen rato. En el fondo son como juegos también para que la gente se entretenga", señaló Gascón.

El mago de 22 años al ser consultado sobre si cree que su pronóstico estuvo cargado de algo de fortuna y azar, responde seguro que: "No sé, yo siempre he dicho que la vida es mágica y que en el país había tanta fuerza para que Chile saliera campeón que esa misma fuerza contribuyó para que la magia apareciera en favor de la Selección".

"Nunca había hecho algo así a través de las redes sociales ni de Youtube."

Gabriel Gascón, mago viñamarino

EL MAGO SE JACTA QUE ACERTÓ QUE CHILE TERMINARÍA COMO CAMPEÓN.

OTRAS PREDICCIONES

Con esta predicción ya cumplida, Gascón se aventura a comenzar a explorar un poco más allá e intentar con nuevos desafíos.

"Como te dije antes, es primera vez que hago algo tan masivo, pero creo que lo seguiré haciendo. Habría que crear algo para que la gente pudiera participar y entretener como en esta oportunidad", detalló el mago viñamarino.

En cuanto a la probabilidad de que la magia que practica Gabriel sirva para predecir algún tipo de fenómeno natural como un terremoto o incendio, el artista fue categórico en señalar que la magia interactiva no sería para llevar a cabo ese tipo de predicciones.

Sí, se aventuró a jugársela para realizar algún video en donde invite a la gente para que participe en torno a los equipos de la zona como por ejemplo, Santiago Wanderers y Everton de Viña del Mar. "Sería entretenido y un nuevo desafío poder hacer algo con los equipos, por ejemplo cómo terminarán el año en la tabla de posiciones o hacer participar a los jugadores en un nuevo juego interactivo. Ahí veremos qué es lo que se puede hacer", finalizó gascón.

REDES

A través de las redes sociales, Gabriel Gascón publica sus trucos de magia y hace publicidad a sus servicios como mago.
En facebook lo puede ubicar como Mago Gabriel Gascón, mientras que en Youtube debe seguir el canal con el nombre de Gabriel Gascón.

Fig.14.- Página en diario *La Estrella* de Valparaiso.

Lo que acabo de contar es una pequeña anécdota que da testimonio del alcance que puede llegar a tener un efecto semilla si lo hacemos bien y tenemos suerte, sin embargo, no da cuenta aún del real sentido del efecto semilla -para ello les explicaré una pequeña rutina-

Esta rutina la realizo solo con una baraja invisible tamaño jumbo. Se llama al escenario a un espectador que tenga su teléfono móvil con saldo para efectuar una llamada.

Se plantea que se va a hacer un juego de magia a distancia a través de la tecnología y para ello usaremos una baraja gigante.

Se le pide al espectador que llame a una persona que no esté en el lugar y que le diga que la está llamando porque va a ser parte de un juego de magia -se pide al espectador que en todo momento sea el comunicador entre el mago y la persona a quien ha llamado- Se le pide a la persona del otro lado del teléfono que piense en una carta y el mago intentará adivinar su carta, una vez que el mago ha recibido la información mental, gira una carta de la baraja de espaldas al público y vuelve a meter la baraja en la caja. Se le pide al espectador que por primera vez nombre la carta de la persona a quien llamó; se abre la caja y hay una carta boca abajo que es efectivamente la carta pensada.

Este efecto es el que por primera vez me hizo pensar en la temporalidad de los juegos de magia, ya que, en esta rutina en primera instancia hay un juego en el escenario que se sustenta en sí mismo y transcurre en el tiempo del show, pero a su vez deja una semilla en la persona que contesta el teléfono.

Hagamos juntos un ejercicio, para comprender mejor este tipo de efectos, para ello, vamos a transportarnos ahora a nuestra casa, estamos en un día cualquiera, haciendo nuestras cosas, viendo televisión quizás y de pronto nos llama un amigo y nos dice que está en un show de magia y que nos está llamando porque necesita que pensemos en una carta.

Extrañados por la situación, pensamos la carta, la decimos y de pronto escuchamos aplausos y gritos desde el otro

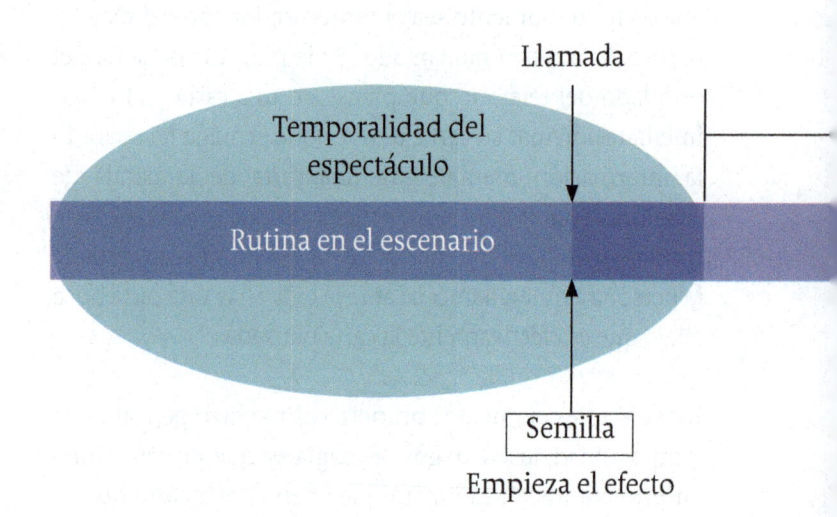

Llamada

Temporalidad del espectáculo

Rutina en el escenario

Semilla
Empieza el efecto

lado del teléfono sin entender absolutamente nada,, para que más encima, nuestro amigo se despida sin explicarnos absolutamente nada.
Hemos quedado en un estado de latencia, intrigados por la situación fuera de lo común que nos acaba de pasar.

Este efecto ha traspasado las barreras del espacio escénico de nuestro espectáculo, pues ahora está ocurriendo en la casa de quien llamamos, más aún el efecto ha empezado para esa persona, pero no ha terminado, pues no sabe lo que está ocurriendo y solo va a terminar cuando su amigo le cuente lo que ocurrió en el show.

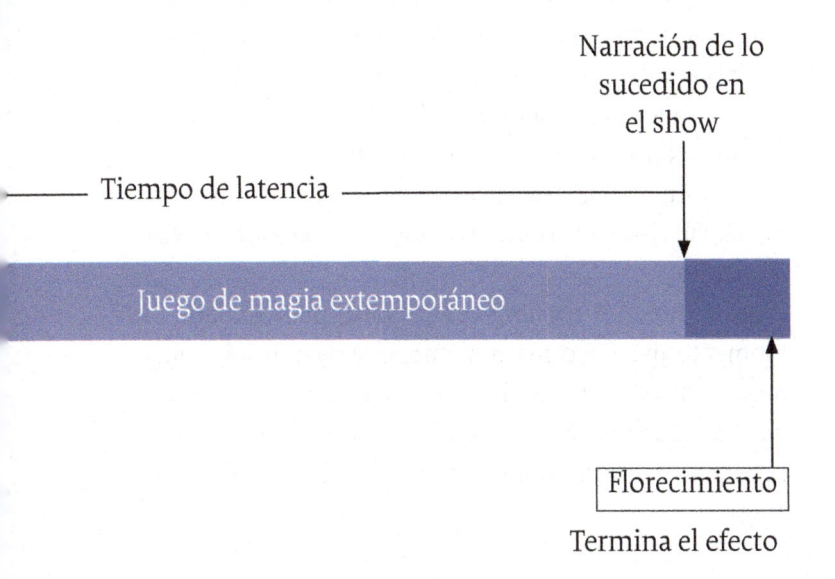

Narración de lo sucedido en el show

─── Tiempo de latencia ───

Juego de magia extemporáneo

Florecimiento

Termina el efecto

Un buen ejemplo del ingenio y la simpleza que maximiza un efecto clásico y lo transforma en un efecto semilla es la rutina de "carta ambiciosa" que realiza mi amigo Chileno el *Mago Prat*.

En sus rutinas de pub, él realiza una rutina de carta ambiciosa, pero antes de realizarla, le ha cargado secretamente una carta al espectador, esta carta es un duplicado de la carta que va a forzar para hacer la rutina. Comienza la rutina, realiza varias fases en las que recalca que esa carta que aparece una y otra vez es la carta del espectador, y no solo la carta elegida por él, sino la de él como si se tratara de una carta de la suerte y al final...

¿La carta viaja al bolsillo del espectador?

No, la carta no viaja al bolsillo del espectador, ya que Prat termina su rutina sin revelar la ultima fase. Le deja ese momento íntimo y espectacularmente mágico al espectador, lejos del pub, lejos del mago, en su casa quizás, al otro día tal vez. Solo le deja la carta cargada en el bolsillo sin revelarla en ese momento, pues mi amigo Prat no necesita los aplausos que causaría la revelación del viaje al bolsillo.

Prefiere darle un regalo a esa persona, prefiere darle un momento mágico como ninguno, que descubrirá cuando meta la mano a su bolsillo y se encuentre con "Su carta" que ha viajado no solo al bolsillo sino a su casa y a su vida cotidiana, transgrediendo el espacio y tiempo escénico del mago.

ELIGE UNA CARTA
¡¡HRGH!!
PAPÁ!!
" A MI HIJO, LE DEJO...
...LA REINA DE CORAZONES!"

El regalo millonario

Una vez en un sueño, mi amigo Sonyq me dijo "Estos juegos no te permiten *Hacer magia a lo Coperffield*, estos juegos te permiten *Regalar a lo Gabriel Gascón.*"(Gracias Sonyq por el aporte a este juego).

El efecto que les presentaré a continuación es una idea que abre muchas posibilidades tanto de temática como de presentación. Es un juego simple en cuanto a técnica y que nos permite grandes posibilidades en su presentación (mi tipo de juego favorito por lo demás).

Efecto: Se muestran 6 sobres en la mesa, estos son mezclados y numerados de 1 a 6. Se muestra un dado y se le da a un espectador para que lo vaya lazando una y otra vez. El número que salga en el dado corresponde al sobre eliminado. Se eliminan 5 sobres con premios espectaculares que el espectador se pierde. Para quedarnos solo con uno que al abrirlo tiene un boleto de Lotería que le da una oportunidad a futuro de tener todos los premios anteriores que perdió y que es regalado obviamente al espectador.

Se necesita:
-Un dado especial que en la cara donde va el número 2, tiene en realidad un número 5, quedando con un doble 5 y sin 2. (Fig. 15; Fig.16 y Fig.17)

-6 sobres, de los cuales 5 tienen premios espectaculares (automóvil o km, una casa soñada, unas vacaciones por un año, etc.) y el ultimo sobre tiene dentro un boleto de lotería real y vigente.

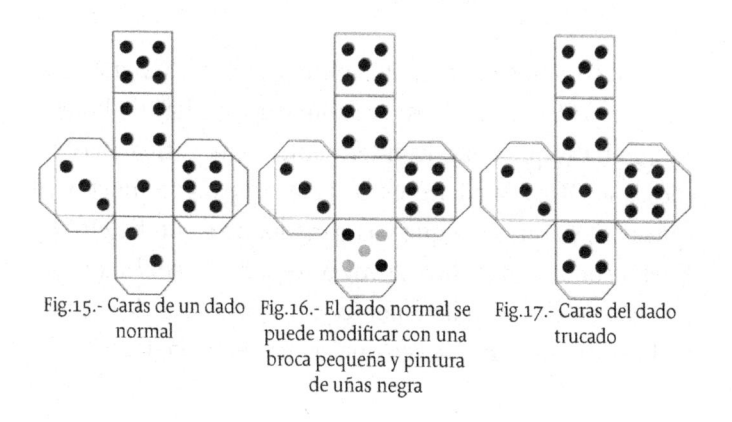

Fig.15.- Caras de un dado normal

Fig.16.- El dado normal se puede modificar con una broca pequeña y pintura de uñas negra

Fig.17.- Caras del dado trucado

Preparación: se pone el boleto de lotería dentro de uno de los sobres y se marca con un punto de lápiz mina para poder reconocerlo entre los demás.

Rutina: Se muestran los sobres, se mezclan y se disponen en la mesa de 1 a 6 dejando el sobre marcado en la posición número 2.

Se muestra el dado, hablando sobre la suerte y el azar, al mismo tiempo que se hace notar que en todo momento salen caras distintas mostrando que no es un dado cargado o trucado.

Se explica que se hará un juego tipo ruleta rusa o más bien un concurso.

El espectador comienza a lanzar el dado, el número que sale, se abre el sobre correspondiente para mostrar el premio que el espectador ha perdido.

Al final solo nos quedará un sobre (el número 2 gracias a nuestro dado trucado), este se abre y dentro hay un boleto de lotería (aquí viene lo interesante de la rutina jaja) se dice que: "Hoy la suerte no te ha acompañado mucho, o quizás si, ya que esto que has ganado, no es un boleto de lotería como parece, hoy te voy a regalar *"La posibilidad de ser millonario"* y con ello tener todo lo que acabas de perder, te deseo suerte, aunque veo que al parecer no la necesitas."

Creo que esta rutina es una joya en sí misma, y que abre un mundo de posibilidades, encuentro de una potencia increíble el hecho de poder *regalar una posibilidad*.

Más aún me parecen alucinantes los juegos de magia atemporales, que trascienden el tiempo y espacio del show y terminan en otro momento y otro lugar, nacen en la ficción del espacio escénico, pero se proyectan al mundo real y con ello a la vida del espectador. Así, este efecto no termina en el escenario, termina el día que el espectador junto a sus seres queridos se reúnen en torno al diario o la pantalla del computador para -llenos de emoción y sobre todo expectación- revisar si han ganado. ¿Qué pasará con este boleto mágico? ¿Será que quizás vamos a ganar?.

No quiero ni pensar que pasará el día que el boleto que regalaste sea el boleto ganador...

ESO SÍ QUE ES MAGIA!!. Primero e instantáneamente, te harás famoso, como el "mago que hizo millonaria a una familia", me imagino la oleada de periódicos titulando "Mago acierta boleto ganador, ¿Cómo lo hizo?" "El mejor mago del mundo ¿Como logró hacer millonaria a una familia?" (Créeme que eso te hará millonario a ti también).

Sin embargo, eso no es lo que me interesa de la rutina, me sigue llamando muchísimo más la atención la *Posibilidad* que el hecho mismo, que puede o no llegar a pasar.

Estructuras de juegos que sirven para el regalo

Esta parte es una pequeña ventana a un tema gigante que comenzó a estudiar hace años mi querido amigo Claudio Plopper, y que traigo a presencia porque creo que es de vital importancia entender la estructura base de los efectos de magia que hacemos, para ver cuáles nos sirven y cuáles podemos modificar para poder utilizarlos bajo este concepto del regalo.

En primera instancia y para efectos prácticos dividiré el efecto mágico en 3 partes:
-Fase inicial
-Desarrollo del efecto
-Fase final

De las cuales sin importar el juego que hagamos, vamos a entender la fase inicial como la presentación de los elementos; El desarrollo del efecto como la rutina completa; Y la fase final, el momento en que dejamos de utilizar los elementos. Por ejemplo: sacamos una baraja y la mostramos (fase inicial), luego, hacemos una carta ambiciosa (Desarrollo del efecto) y finalmente las cartas quedan en la mesa y pueden ser revisadas (Fase final).

Ahora plantearemos que cada fase tiene solo dos posibilidades:
-Ser verdadera
-Ser falsa

Tomaremos como Verdadera solo aquella fase donde no haya ningún tipo de gimmick, trucaje o trampa. A su vez tomaremos como Falsa cualquier fase donde exista gimmick, trucaje, trampa o técnica especial.

Con las convenciones acordadas, podemos ver que tenemos 8 posibles combinaciones:

	Fase Inicial	Desarrollo	Fase Final
1	Falsa	Falsa	Falsa
2	Falsa	Falsa	Verdadera
3	Falsa	Verdadera	Falsa
4	Verdadera	Falsa	Falsa
5	Falsa	Verdadera	Verdadera
6	Verdadera	Falsa	Verdadera
7	Verdadera	Verdadera	Falsa
8	Verdadera	Verdadera	Verdadera[9]

9.- Los efectos que he planteado en el Forzaje del espectador (Pág. 48) son efectos que pueden acercarse a la categoría 8 ya que no tienen fase falsa, sino más bien el secreto recae en una forma ingeniosa de presentación.

Sin embargo, la gran mayoría de las rutinas de magia, dentro de su fase de desarrollo tienen un gimmick, trucaje, trampa o técnica. Por lo que descartaremos las combinaciones número 3, 5, 7 y 8.

Quedándonos ahora solo con 4 posibilidades:

	Fase Inicial	Desarrollo	Fase Final
1	Falsa	Falsa	Falsa
2	Falsa	Falsa	Verdadera
3	Verdadera	Falsa	Falsa
4	Verdadera	Falsa	Verdadera

En el caso número 1 -donde las tres fases son falsas- se pueden catalogar los efectos donde se utiliza un solo elemento trucado que no se puede dar a revisar nunca, es el caso de las barajas completamente trucadas tipo baraja invisible, que no nos permiten dar a revisar ni antes ni después del efecto. También entran en esta categoría los juegos con barajas ordenadas que están dentro de una rutina que no permite que el espectador mezcle ni antes ni después del efecto.

En el caso número 2 donde la fase final es verdadera, se catalogan los efectos que requieren de una preparación previa, por lo que el espectador no puede revisar los elementos antes del efecto, pero que si se puede dar a revisar después del efecto. Mayoritariamente juegos de cartas normales pero con una preparación u orden previo.

En el caso número 3 los elementos pueden ser revisados únicamente al inicio del efecto pues después del efecto quedan cargados o cubriendo alguna trampa. También entran en esta categoría juegos que parten con una baraja normal pero que luego se le añaden cartas trucadas.
Finalmente en el caso número 4 se encuentran la gran mayoría de juegos con elementos completamente normales, que se pueden dar a revisar antes y después de la rutina y donde la fase falsa corresponde más bien a trampas y técnicas.

¿De que nos sirve esta categorización?

Primero, para enriquecer nuestro arte al entender y analizar lo que hacemos y, por otro lado más concreto, nos hace ver de una forma fácil cuales efectos de los que hacemos comúnmente en nuestros espectáculos pueden pasar a ser un Regalo. Para ello necesitamos categorizar nuestras rutinas en una de las cuatro categorías. Una vez que las tenemos categorizadas, podemos ver que las que cumplan con la categoría 2 y 4, pueden ser de forma inmediata, rutinas en las que has creado un talismán que puedes regalar. Ya que al terminar en *Verdadera*, son elementos completamente normales, pero que han pasado por un ritual mágico, quedando cargados y listos para ser regalados.

Por otra parte, las rutinas categorizadas en 1 y 3 pueden llegar a ser categorizadas como 2 o 4, pero va a ser necesario un ejercicio extra, ya sea haciendo un cambio -en el caso de un objeto trucado- o una extracción de cartas trucadas mediante un empalme o una descarga en *lap* si se trata de una baraja.

Ese paso extra hace que la *fase final* original, pase a estar dentro del *desarrollo* y deja la nueva *fase final* como *Verdadera* para ahora si poder regalar el elemento hecho talismán.

Cuchara talismán

Este es un efecto que inicialmente estaba en la categoría 1 (efecto de la cuchara doblada con cuchara trucada) y que al adaptarla pasó a estar en la categoría 2 para así poder regalarla como un talismán.

Efecto: Se muestra una cuchara de té y con el poder de la mente la cuchara se dobla, para luego ser regalada a un espectador.

Se necesita:
-Una cuchara trucada (cuchara que se dobla [fig.18]) a la cual le he agregado un imán en la parte trasera de la parte baja del mango. (fig. 19)
-Una cuchara normal previamente doblada similar a como quede doblada la cuchara trucada.
-Una bolsita de tul transparente, de las que se usan para regalar joyas.

Preparación: Se parte con ambas cucharas en el bolsillo interno del lado izquierdo de la chaqueta, pero la cuchara normal doblada está enganchada en el borde del bolsillo, como si de un bolígrafo se tratase, mientras que la cuchara trucada, va dentro del bolsillo (fig. 20); Y la bolsa de tul en el bolsillo derecho del pantalón.

Rutina: Al iniciar la rutina se dice que *"los metales son capaces de absorber energía tanto positiva como negativa, es por eso que dicen que no es bueno utilizar las joyas de personas muertas a menos que sean correspondidas"*.

"En esta ocasión tengo esta cuchara de té que al ser constantemente lavada y re-lavada en el restaurante del cuál la robé, es probable que tenga poca energía acumulada".

En este momento al ir a buscar la cuchara al bolsillo interno de la chaqueta, se descarga la cuchara normal doblada, hacía la manga izquierda de la chaqueta y al mismo tiempo, con la mano derecha, se extiende la cuchara trucada para que salga completamente recta hacia la vista de los espectadores . Es importante señalar que en este momento y hasta el final de la rutina, se debe tener la precaución de mantener el brazo izquierdo flectado hacia arriba para que la cuchara normal doblada no caiga hacia la mano, hasta el final de la rutina. Además recomiendo utilizar también dicho brazo al hablar para disimular y no mantenerlo tan quieto.

Se continua diciendo: *"Ahora, con esta cuchara quiero que juntos carguemos esta cuchara con energía positiva"*.
"Vamos a extender nuestras manos y vamos a cargar la cuchara de energía positiva". Tanto así que la cuchara empieza a reaccionar y se dobla lentamente a medida que recibe la energía.

Una vez que la cuchara ha terminado de doblarse (fig. 21) (En este momento el imán a hecho que la cuchara se cierre completamente y quede como un solo cuerpo solido sin posibilidad de abrirse y lo mas importante sin posibilidad de sonido) en este momento decimos que *"es curioso que algo tan rígido como un metal solo con energía haya logrado doblarse y que si somos conscientes de esto podemos utilizar esa energía en nuestras propias vidas para doblar situaciones adversas o problemas que nos aquejen."*

Mientras decimos esto, lanzamos levemente la cuchara al aire con nuestra mano derecha como mostrando que es un cuerpo solido, mientras con la mano izquierda simplemente bajamos la mano, para recuperar la cuchara real que se encuentra en la manga, gracias la gravedad. Para de inmediato realizar un cambio de cuchara mediante un *shuttle pass*, mostrando ahora la cuchara real en la mano izquierda y quedando con la cuchara trucada oculta en la mano derecha. Para ir con esta misma mano a descargarla en el bolsillo derecho, con la intención de buscar la bolsa de tul, que se encuentra en el bolsillo derecho, quedando finalmente con la cuchara normal en la mano izquierda y la bolsa de tela en la mano derecha.

"Es por eso que esta cuchara que está ahora cargada de energía por todos nosotros se ha transformado en un talismán, que guardaré en esta bolsa y se lo regalaré a nuestro amigo aquí presente (algún espectador de las primeras filas) *para que utilice este talismán en su vida y tenga una pequeña ayudita mágica en sus proyectos de vida."*

Se introduce la cuchara dentro de la bolsa y se regala.

Fig.18.- Cuchara trucada que se dobla

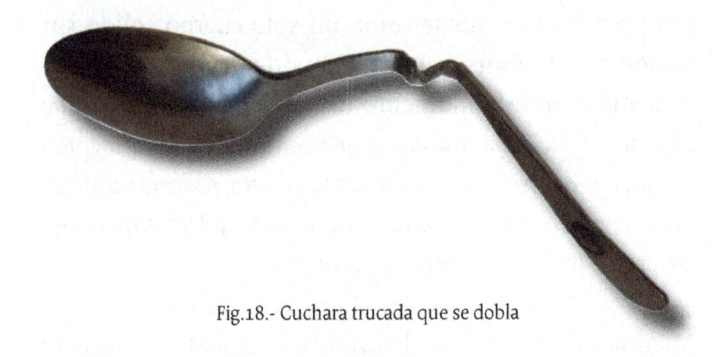

Imán incrustado

Fig.19.- Cuchara trucada que se dobla
Vista trasera, con imán agregado.

cuchara doblada enganchada en el bolsillo

cuchara trucada dentro del bolsillo

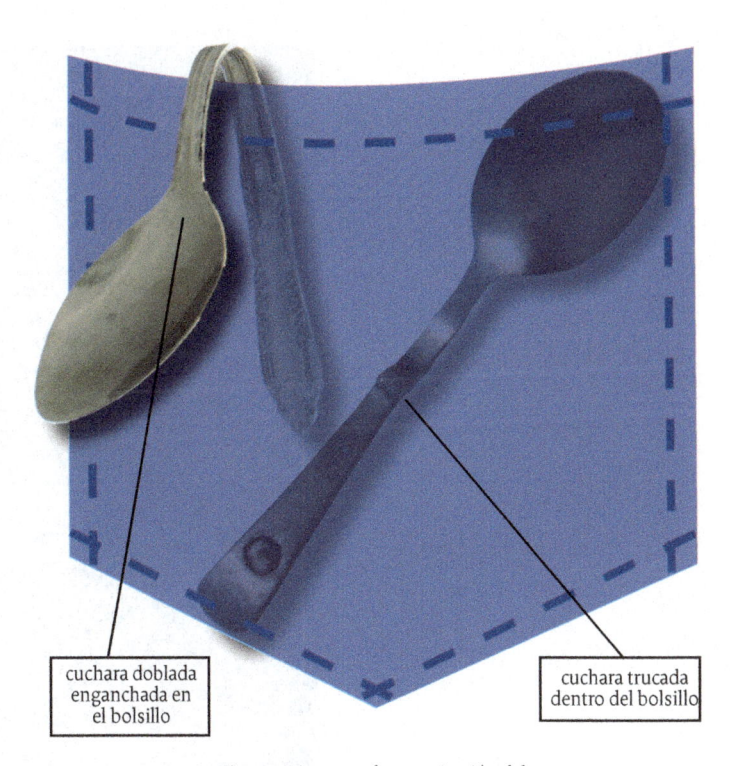

Fig.20.- Diagrama de organización del bolsillo interno izquierdo de la chaqueta

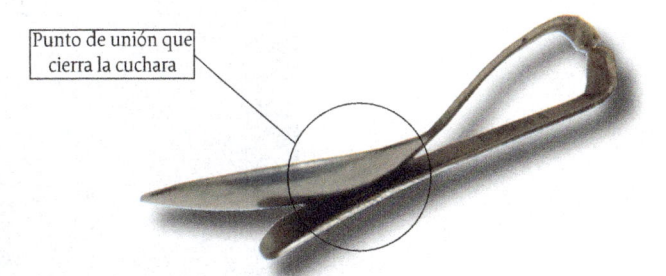

Punto de unión que cierra la cuchara

Fig.21.- Diagrama de organización del bolsillo interno izquierdo de la chaqueta

EL GESTO

4

Capítulo

Mi mejor juego de magia.

Con respecto al concepto de que "La mayor responsabilidad de los magos es corresponder a la propia ficción que hemos creado" quiero contarles una experiencia que da cuenta de la responsabilidad que recae en las manos del mago al jugar en el -buen sentido de la palabra- con la ficción de que tenemos poderes. Todos sabemos que la magia infantil es -sino la más-, una de las ramas más complejas de la magia. Debido a que los niños no tienen los mismos parámetros de realidad y ficción que un adulto, es por ello que debemos ser cuidadosos con la ficción que queremos generar cuando trabajamos con niños.

Una vez me encontraba haciendo un show en un colegio, que para el caso cabe decir que era un colegio privado de altos ingresos económicos. Aquella vez hice como final, mi clásico juego de la *aparición de un regalo dibujado* (pág. 32).

Una vez terminado el show, me encontraba ordenando mis cachivaches mágicos, cuando tocan mi puerta. Era una profesora del colegio, con un niño pequeño llorando desconsoladamente, al preguntar que le pasaba y no recibir respuesta debido al llanto, me acerco al niño y le saco una carta de su oreja, para luego firmarla y obsequiársela.

Ese pequeño gesto atisbó una pequeña sonrisa en el niño, más no cesó su llanto. La profesora interviene y me dice que como yo hice aparecer una pelota a otro niño y se la regalé, este niño se había puesto a llorar porque quería tener un tren y pensaba que yo se lo podía hacer aparecer.

En ese momento pasaron muchas cosas por mi cabeza, primero sentí el peso de esa gran responsabilidad de haber generado una ficción en ese niño, de que yo podía hacer aparecer un objeto con solo dibujarlo, para luego materializarlo en el objeto real. Por otra parte sentí impotencia de no poder hacer aparecer este objeto en ese momento, pues ese niño en lo profundo de su corazón, creía en mi y yo estaba a segundos de decepcionarlo.

Para mi alivio o preocupación, la profesora (muy pedagógica por lo demás) tiene la brillante idea de decirle que dejara de llorar porque yo ya había hecho aparecer su tren, pero que lo había mandado a su casa.

En ese momento comenzó mi desesperación mental, ya no solo se trataba de decepcionarlo, ahora había una mentira de por medio, pues ese niño llegaría a su casa emocionado, ilusionado, esperando su tren y no encontraría nada más que desilusión.

En ese momento suena el timbre que anuncia el termino de la jornada y la cara de ese niño se llena de alegría, pues ese timbre no solo significaba que saldría de clases, sino que llegaría a su casa a disfrutar del tren que el mago había hecho aparecer.

Nos despedimos y lo vi alejarse corriendo hacia la puerta de salida. Comencé a ordenar lo más rápido posible mis cosas, porque ahora tenía una misión. No permitiría que la ilusión de ese niño se destruyera, por lo menos no por mí.

Mientras ordenaba y en mi desesperación, planeaba mi increíble misión secreta:

1.- Debía averiguar donde vivía ese niño.
2.- Debía comprar un tren hermoso
3.- Debía ir a la casa de ese niño
4.- Debía dejar secretamente el tren en la pieza del niño
5.- Debía intentar no irme a la cárcel por entrar a una casa y darle un extraño regalo a un menor de edad...

Fue en ese momento que vuelve la profesora y me dice que ya estaba todo listo, que no me preocupara, que ya había solucionado el problema.
La profesora había hablado con el papá del niño en la puerta del colegio y le había explicado la situación, el padre había llamado a la madre, quién había ido a comprar un tren, el cuál estaría en su pieza cuando él llegara a la casa.

Aquí me di cuenta que acababa de hacer mi mejor juego de magia, pues para ese niño la situación fue:

1.- Vio al mago hacer aparecer una pelota de futbol para un niño.
2.- Le pidió al mago un tren.
3.- El mago le hizo aparecer el tren en su casa.
4.- Cuando llegó a su casa estaba su tren.
5.- Magia pura.

En esta historia hay varios elementos interesantes de analizar. Primero darnos cuenta del alcance, la potencia y por sobre todo la responsabilidad que tenemos al plantear una ficción, más aún en un niño. No podemos de ninguna forma obviar el mensaje que estamos entregando a nuestro público con lo que estamos haciendo en el escenario.

Otro elemento interesante es el objeto en sí mismo, que está cumpliendo un rol de confirmación de la ficción, pues ese niño va a contarles en el colegio a sus amigos que el mago le hizo aparecer un tren en su casa y que tiene el tren aquí frente a sus ojos para confirmar su historia.

Por otra parte podemos ver que como entes mágicos del mundo, nuestra magia no se acaba cuando nos bajamos del escenario, no se acaba porque no andamos con una baraja en la mano, no se acaba porque "no podemos hacerlo". Debemos entender que la magia si la entendemos como un medio artístico tiene también un rol social y cultural. Somos los entes mágicos por naturaleza, los protectores de la ilusión en el mundo.

El mundo está lleno de elementos que tarde o temprano van a hacer que ese niño pierda la ilusión y deje de creer. Crecerá y se dará cuenta que el viejo pascuero no existe, se dará cuenta que el hada de los dientes no es real, se dará cuenta de que las personas mueren, se dará cuenta de que el amor se acaba, se dará cuenta de tantas cosas que lo harán dejar de creer, que no quiero ser yo el responsable de eso, y si puedo mantener esa ilusión viva aunque sea un día más, les juro que vale la pena.

Espero volver a encontrarme con ese niño, 30 años más tarde y volver a encender la llama de la ilusión con mi show, cuando quizás lleve demasiado tiempo apagada.

Siempre me he preguntado, qué será de ese niño cuando crezca, vea ese tren y recuerde la forma mágica como llegó a su vida.

"Un mago lo hizo aparecer en su casa."

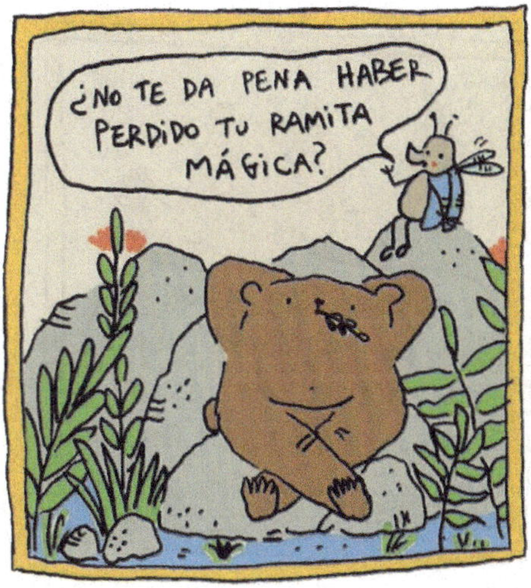
¿NO TE DA PENA HABER PERDIDO TU RAMITA MÁGICA?

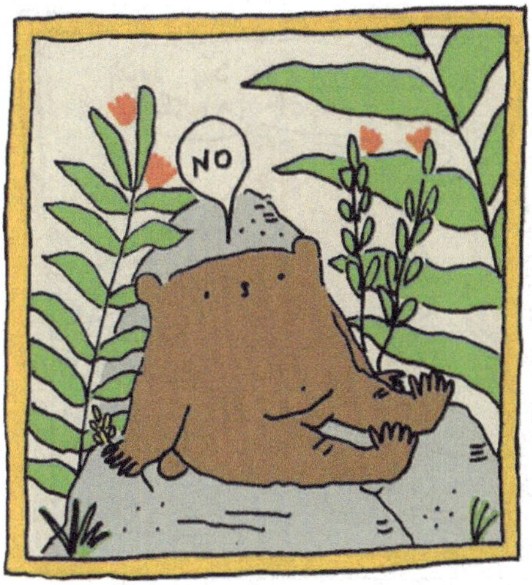
NO

Y ES QUE PODRÍA SER UNA RAMITA, COMO PODRÍA SER UNA PIEDRA, O UNA HOJA SECA... EN FIN.

EL OBJETO EN SÍ, NO ES LO IMPORTANTE.

Alison Saravia
Ilustradora

La despedida.

Lamento decirte amigo mio, que hemos llegado al final de este viaje, por lo menos por esta ocasión. Pero se que nos reencontraremos en una próxima oportunidad, pues para mí escribir estas pocas páginas ha sido por lo bajo, complejo. Pero a la vez ha sido una gratísima experiencia, en la cuál he invertido un par de muchas horas. Pero esas horas han sido también para mí un gran regalo, poder ordenar mis ideas y pensamientos y verlos hoy plasmados en estas páginas es de verdad un regalo que no tiene precio.

Externalizar las cosas que uno piensa, siempre ayuda también a dar respuestas en cuanto a lo que buscamos como artistas; Más aún, poder compartirlo con ustedes y como lo dije al inicio, si tan solo una mínima frase logra aportar en tu magia, para mí, es lo más lindo que este proceso puede traerme como retribución.

Espero de todo corazón que este trabajo haya contribuido con un pequeño granito de arena a esta querida reina que tanto me ha dado y que hemos decidido llamar magia.

"El ayer es historia, el mañana es un misterio, pero el día de hoy es un regalo. Por eso se llama presente"
Maestro Oogway
(Kung fu panda)

Gracias y hasta pronto!...

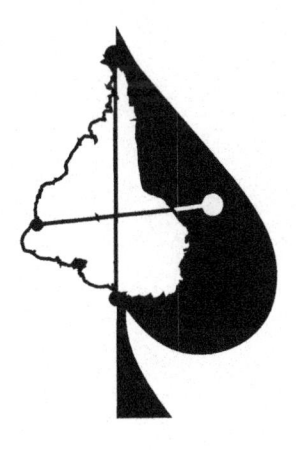

Colofón

Se utilizaron las variantes tipográficas de la fuente Borges para todo el contenido de los textos y las variables de la fuente Avenir next para la portada, portadilla e inicios de capítulo.
Se utilizó papel bond de 90 grs. para el cuerpo del libro y cartulina sólida de 240 grs. para la portada.

Made in the USA
Columbia, SC
09 November 2024